FRAUEN REISEN SOLO

Der Ratgeber
für alleinreisende Frauen
und alle,
die es werden wollen

Carina Herrmann

Lektorat: Sophie Pahl
Umschlagdesign: Carina Stöwe
Layout & Satz: Kris Braun

Zweitauflage 2016
ISBN: 9781539644361

INHALTSVERZEICHNIS

DIE WICHTIGSTE FRAGE ZUERST

IST DIESES BUCH DAS RICHTIGE FÜR DICH?

„Mut ist nicht Freisein von Angst,
sondern ihre Überwindung."
Sprichwort

Während ich diese Zeilen tippe, sitze ich in einem gemütlichen Korbsessel, mit Wellenrauschen und Geplätscher in den Ohren. Meine Füße sind nur einen halben Meter vom Wasser des Sees entfernt, der gerade vor mir liegt.

Ich bin seit drei Tagen auf einer Vulkaninsel in Indonesien, Sumatra, um genauer zu sein. Auf einer Insel in einem See, der einmal ein aktiver Vulkan war. Im Halbschatten genieße ich die wärmenden Sonnenstrahlen, die auf mein Gesicht und meine nackten Füßen fallen. Nur kurz denke ich dabei an das kalte Deutschland, in dem gerade der Winter einbricht.

Seit drei Monaten reise ich nun schon wieder kreuz und quer durch die Welt. Ich habe Irland, Israel und Jordanien besucht und mich von den schottischen Highlands, dem Tempelberg in Jerusalem und der Felsenstadt Petra berauschen und beeindrucken lassen. Danach hat es mich weiter nach Südostasien gezogen, zunächst ins Land des Lächelns, nach Thailand. Danach in die wuseligen Städte Vietnams, gefüllt mit unzähligen Motorrollern und Mundschützern mit gefälschten Gucci-Logos.

Nun bin ich in Sumatra angekommen und habe hier noch einen Monat voller aufregender Ziele vor mir. Die Vulkaninsel war erst der Anfang und ich kann es kaum erwarten, nächste Woche die letzten freien Orang Utans der Welt im Dschungel zu besuchen.

ABER WIE BIN ICH EIGENTLICH HIERHER GEKOMMEN?

Es waren nicht Flugzeuge, Bahnen und Busse, die mich an diesem Punkt und an diesem Ort haben ankommen lassen. Auch wenn das die logische, die technische Erklärung wäre.

ES WAR EIN TRAUM. EIN TRAUM UND EIN EISERNER WILLE, DIE WELT ZU SEHEN!

Und ich weiß, in vielen Frauen schlummert dieser Traum von unbekannten Orten, die man immer nur auf Bildern bewundert. Der Traum, sie endlich einmal in der Realität sehen und bestaunen zu können.

Wie oft schaust Du in Magazinen, in Filmen und auf Plakaten auf Bilder von fernen Orten und bekommst dieses ganz bestimmte Ziehen im Bauch? Das ist der Moment, in dem Dich das Fernweh mitreißt und Du Dich fragst, warum Du eigentlich immer noch hier bist und nicht dort.

Mir ging es einmal ganz genauso. Ich war unglücklich in meinem Job. Nicht, weil ich ihn nicht gerne gemacht habe, sondern einfach, weil er mich an einem Ort festhielt. Ich war unzufrieden mit meinem Leben, obwohl ich alles hatte, was ich brauchte. Einfach weil mir trotz allem noch irgendetwas fehlte. Etwas, das sich nicht greifen oder beschreiben ließ. Da war einfach etwas in mir, das ausgefüllt werden wollte.

Ein Jahr später stand ich am weißesten Strand, den Du Dir vorstellen kannst, vor dem türkis farbigsten Meer, das ich je gesehen hatte. Die Wasserperlen liefen noch an meinem Körper hinab und meine Hände hielten Taucherbrille, Schnorchel und Schwimmflossen fest umschlossen.

Ich hatte gerade zum ersten Mal eine Meeresschildkröte gesehen. Nicht nur das, ich war mit ihr geschwommen, während sie direkt vor mir auftauchte, um Luft zu schnappen. Australien und seine Westküste hatten mir dieses unglaubliche Erlebnis geschenkt. Und genau in diesem Moment merkte ich, dass die Lücke die vor einem Jahr noch in mir war, flehend und bettelnd nach Füllung, sich endlich geschlossen hatte.

REISEN MACHT GLÜCKLICH. ES FÜLLT DICH, ES ERFÜLLT DICH UND ES LÄSST DICH WEIT ÜBER DEINE GRENZEN HINAUSWACHSEN.

Vielleicht steckst auch Du gerade in einem Job, der Dir zwar Spaß macht, aber Dich nicht erfüllt. Vielleicht hast auch Du diese Sehnsucht nach all den unbekannten Orten und vielleicht geht es Dir gerade genauso wie mir, bevor ich meinen ersten Schritt gemacht habe:

DU FRAGST DICH, WIE DU DAS ÄNDERN KANNST!

Die Angst lähmt Dich und dämpft Dein Fernweh, hält Dich zurück. All die Fragen, die sich Dir stellen, zum ersten Schritt und allem, was danach kommt, lassen Dich allzu oft klein beigeben und doch wieder im Alltag versinken. Wenn Du gerade an diesem Punkt stehst, vor der Entscheidung, endlich Deine Traumreise anzugehen, sei es Deine erste oder Deine nächste, seien es drei Wochen oder drei Monate, dann bist Du hier genau richtig!

Mein Buch soll Dir all das geben, was Du brauchst, um Deinen Traum und Dein Wunschziel endlich anzugehen. Und nicht nur das: Sondern es auch endlich zu erreichen!

Es nimmt Dich an der Hand, gibt Dir all die Ratschläge, Hinweise und Tipps die Du als alleinreisende Frau brauchst und immer wieder auch die Motivation, die Du benötigst, um endlich aktiv zu werden. Nichts spornt so sehr an, wie ein festes Ziel, einen Plan im Leben und die Vorfreude darauf.

Du kannst dieses Buch also für jeden Deiner Zwecke missbrauchen: als Leitfaden, der Dich vom ersten Tag Deiner Entscheidung, bis zur Abreise in die Welt und noch auf Deiner Reise begleitet und lenkt. Als Inspiration und Fernweh-Schürer oder als Ratgeber, um Deine nächste Reise weiter und länger werden zu lassen als Deine letzte.

Denn letztendlich, egal was Dir deine Sorgen und Ängste immer wieder zuflüstern, brauchst Du neben diesem Buch nur eines: die feste Entscheidung endlich alles dafür zu tun, um Deinen Traum zu verwirklichen!

WENN ICH ES GESCHAFFT HABE, DANN VERSPRECHE ICH DIR, KANNST DU ES AUCH!

KAPITEL 1

WARUM DU MINDESTENS EINMAL IM LEBEN ALLEINE REISEN SOLLTEST!

„Wenn man mit Flügeln geboren wird,
sollte man alles dazu tun, sie zum Fliegen
zu benutzen."

Florence Nightingale

23 LEKTIONEN, DIE DICH EINE LANGZEITREISE LEHRT

Lass uns mal ganz am Anfang beginnen und Dir die Frage beantworten, warum Du überhaupt reisen solltest. Alleine. Und vielleicht auch mal länger als nur zwei Wochen. Jede von uns fährt in den Urlaub. Ob als Kurzurlaub, 14 Tage oder drei Wochen. Manchmal schaffen wir es unter Umständen sogar, für sechs Wochen aus dem Hamsterrad auszubrechen. Aber was Du meiner Meinung nach mindestens einmal im Leben gemacht haben solltest, ist eine wirklich lange Reise! Weil sie Dir so unendlich viel beibringen wird...

DU WIRST LERNEN, DASS ALLEINE SEIN NICHT WEH TUT!

Ja, es wird vielleicht anfangs hart sein, ohne Deine Freunde oder Familie zu sein. Aber man gewöhnt sich an alles und vielleicht überraschst Du Dich ja selbst und... magst es!

DU WIRST LERNEN, DASS, EGAL WIE FREMD EIN LAND IST, ES IMMER AUCH ETWAS VERTRAUTES HABEN WIRD!

Nutella, Tannenbäume und Backsteinhäuser. Ich habe mir unter Australien die absolute Fremde vorgestellt. Und nach kurzer Zeit festgestellt, dass auch die Fremde immer etwas von zu Hause hat.

DU WIRST LERNEN, DICH AUF DICH SELBST ZU VERLASSEN!

Flug buchen? Pünktlich aufstehen? Den richtigen Zug erwischen? Vielleicht hattest Du sonst immer jemanden, der Dich erinnert, motiviert und manchmal auch in den Hintern getreten hat damit es läuft. Nun bist Du die einzige Person, auf die Du vertrauen kannst und lernst, Dich selbst zu organisieren!

DU WIRST LERNEN, DASS VORURTEILE OFT GENAU DAS SIND: VORURTEILE!

Als ich das erste Mal nach Thailand gereist bin, habe ich Sextourismus und Touristenmassen erwartet, die sich an überfüllten Stränden tummeln. Zugegeben, beides kommt auch in Hülle und Fülle vor. Womit ich aber nicht gerechnet habe, waren die freundlichen Menschen, die wunderschönen Tempelanlagen und das unglaublich leckere Essen. Alles hat zwei Seiten und unterwegs lernst Du, erst beide Seiten zu betrachten, bevor Du Dir ein Urteil bildest.

DU WIRST LERNEN, DICH NICHT ÜBER JEDE KLEINIGKEIT AUFZUREGEN!

Ein verpasster Zug, Deine eigentlich freie Unterkunft ist schon belegt und Du findest diesen blöden Geldautomaten nicht? Was soll's! Ich kann Dir nicht genau sagen, wann dieser Punkt kommt, an dem alles nicht mehr so wild ist. Aber letztendlich kommt die Erkenntnis, dass Du viel Zeit hast, um einen Geldautomaten suchen und auf den nächsten Zug zu warten. Daher kann ich Dir versprechen: Irgendwann wird er kommen, der Tag, an dem Du das völlig entspannt sehen kannst!

DU WIRST LERNEN, WAS VOLLKOMMENE ENTSPANNUNG EIGENTLICH BEDEUTET!

Alles lockerer zu sehen, sich nicht mehr zu ärgern und Dir über Wochen einen ganz eigenen Schlafrhythmus ohne Wecker anzueignen, das ist pure Entspannung!

DU WIRST LERNEN, DASS SICH MANCHE ERFAHRUNGEN NICHT MIT DER KAMERA FESTHALTEN LASSEN!

Im Urlaub neigen wir dazu, jeden Moment festhalten zu wollen. Am besten natürlich mit unserer Kamera. Je mehr Fotos es gibt, desto schöner war der Urlaub. Aber niemand kann ein Foto von einer 48-stündigen Zugfahrt machen, auf der Du die meiste Zeit aus dem Fenster gestarrt und die unglaubliche Weite beobachtet hast. Und niemand kann ein Foto davon machen, wie sich das Glücksgefühl wirklich anfühlt, wenn Du an genau dem Ort stehst, von dem Du wochenlang geträumt hast. Oder von dem Gefühl der Freiheit, das Dich am Abflugtag beseelt, wenn Du weißt, Du musst nicht in ein, zwei oder sechs Wochen zurück zur Arbeit!

DU WIRST LERNEN, DASS ES NICHT DARUM GEHT, WIE VIELE ORTE DU BESUCHST!

Ganz ehrlich, ich habe keine Ahnung, an wie vielen Orten oder in wie vielen Ländern der Welt ich schon war.

Und es interessiert mich auch gar nicht. Auf Reisen zählt plötzlich nicht mehr die Anzahl der Länder, sondern nur noch die Anzahl der glücklichen Momente. Und die sind unendlich!

DU WIRST LERNEN, GANZ BESONDERE MOMENTE GANZ ALLEINE ZU GENIESSEN!

Vor allem, wenn Du sonst immer mit einer weiteren oder mehreren Personen unterwegs warst, wirst Du feststellen, wie viel intensiver Du alles wahrnimmst, wenn Du alleine bist. Wenn Du es schaffst, Dich einfach mal darauf einzulassen (und ich hoffe sehr für Dich, dass Du das tust), wirst Du feststellen, dass Deine Sinne plötzlich viel intensiver werden.

Du hörst im Regenwald Vogelgeräusche, die Du noch nie vorher gehört hast, weil da niemand ist, der mit Dir redet und Dich ablenkt. Du fängst an, die Mauern in Angkor Wat zu befühlen und zu betasten, weil da niemand ist, vor dem Du Dir komisch vorkommen musst. Du nimmst die Schönheit von Gebäuden, Ausblicken und fremden Menschen deutlicher wahr, einfach weil dort niemand ist, der Dich von ihnen ablenkt.

DU WIRST LERNEN, MIT WENIGER BESITZ AUSZUKOMMEN ALS DU DIR JE VORSTELLEN KONNTEST!

Ein Gepäckstück. 15kg. Mehr brauchst Du nicht. Glaubst Du nicht? Probier es aus!

DU WIRST LERNEN, OFFEN AUF MENSCHEN ZUZUGEHEN!

Selbst der schüchternste Mensch wird offener, wenn er alleine reist. Also hab keine Angst, wenn Du glaubst, Du bist für das alleine Reisen nicht offen genug, das ergibt sich mit der Zeit. Nicht aus Zwang, sondern einfach, weil es Deine Wahl ist. So viele andere machen es Dir vor, indem sie sich beim Essen zu Dir setzen, Dich auf der Straße ansprechen oder Dich zu Unternehmungen einladen. Sodass Du es automatisch irgendwann übernehmen wirst. Einfach weil Du sehen wirst, wie einfach das ist.

DU WIRST LERNEN, DASS SELBST MENSCHEN AUS VÖLLIG ANDEREN KULTUREN GENAUSO SIND WIE DU!

Ich habe in Australien eine Reisende aus Korea kennengelernt, die den gleichen Beruf und das gleiche Alter hatte wie ich. Was ich dabei am Erstaunlichsten fand, war, dass sie am anderen Ende der Welt gelebt hat, in einer völlig anderen Kultur als ich und sich unsere Gedanken und Sorgen doch fast aufs Wort geglichen haben. Solche Erfahrungen sind unschätzbar wertvoll!

DU WIRST LERNEN, DASS ALLEINE SEIN UND EINSAM SEIN NICHT DASSELBE IST!

Vor Kurzem habe ich von jemandem gelesen, der alleine reist und es folgendermaßen ausgedrückt hat: Nur weil ich alleine bin, bin ich noch lange nicht einsam. Denn all die

Menschen, die mir wichtig sind, trage ich in mir. Wenn Du diese Einstellung erreicht hast, bist Du selbst in der verlassensten Gegend niemals einsam!

DU WIRST LERNEN, ZU DEINEN FEHLERN ZU STEHEN! (...WEIL DA NIEMAND SEIN WIRD, AUF DEN DU SIE SCHIEBEN KANNST!)

Auf Reisen, mit Zeit und ohne jemanden der Dich ablenkt, wirst Du Dich sehr gut kennenlernen. Und damit auch Deine Fehler! Das Beste daran? Du wirst auch genug Zeit haben, um zu lernen, sie auch zu akzeptieren...

DU WIRST LERNEN, NEGATIVES EINFACH BEIM WEITERREISEN HINTER DIR ZU LASSEN!

In unserem Alltag zieht uns vieles immer wieder runter. Menschen, Gegebenheiten und Zustände. Wenn Du Dich auf die Reise machst, kannst Du alles und jeden hinter Dir lassen.

Manche mögen das abfällig als „davonlaufen" bezeichnen, aber Tatsache ist, dass sich viele Dinge mit Abstand sehr viel besser beurteilen und lösen lassen.

DU WIRST LERNEN, LOSZULASSEN!

Deine Eltern, Dein Ex-Freund oder negative Freundschaften. Nichts hilft so sehr dabei, sich von jemandem zu lösen wie ein neues Land, neue Eindrücke und neue Erfahrungen. Du wirst daran wachsen und stärker werden.

DU WIRST LERNEN, MOMENTE MEHR ZU SCHÄTZEN ALS BESITZ!

Eines meiner Lieblingszitate lautet: Sammle Momente, keine Gegenstände! Und seit meiner letzten Reise versuche ich genau das auch zu leben. Ich brauche keine Deko mehr, um mich irgendwo wohlzufühlen. Ich habe gelernt, ein Kleidungsstück danach auszuwählen, wie flexibel es ist und mit wie vielen Dingen ich es kombinieren kann. Und ich sammle Erinnerungen statt Erinnerungsstücke. Probier es mal aus! Es macht glücklich(er)!

DU LERNEN WIRST, DASS BILDUNG NICHT AUTOMATISCH DER SCHLÜSSEL ZUM ERFOLG IST!

Wir bekommen von klein auf eingeredet, dass Schule und Studium das Beste sind, was Dir passieren kann. Weil es Dir einen festen Job, Sicherheit und Geld einbringen wird. Alles, was Du im Leben brauchst. Und doch habe ich so viele Menschen auf Reisen getroffen, die brav dem Ruf gefolgt sind und trotzdem keinen Job gefunden haben.

Mindestens genauso viele habe ich getroffen, die nie etwas aus ihrem Studium gemacht haben und einen ganz anderen Weg eingeschlagen haben. Und wieder andere sind einfach nach dem Schulabschluss los gereist und leben glücklich und zufrieden. Ich sage nicht, dass eines dieser Lebensmodelle besser ist als ein anderes. Ich sage nur: Es gibt mehr als eins!

DU WIRST LERNEN, WAS DICH WIRKLICH GLÜCKLICH MACHT!

Wir sind so stark beeinflusst von allem, was uns umgibt, dass wir manchmal gar nicht wissen, was wir selbst eigentlich wollen. Will ich das, oder bilde ich mir das nur ein, weil ich es von allen Seiten höre? Mag ich diesen oder jenen Modetrend wirklich, oder habe ich mich einfach nur so sehr an den Anblick gewöhnt? Will ich wirklich das klassische Modell von Hund, Haus, Hof oder wird mir nur kein anderes Vorbild gegeben?

Nirgendwo sonst kannst Du Dich selbst so gut kennenlernen und entdecken, wie allein auf einer Reise!

DU WIRST LERNEN, AUF DICH SELBST AUFZUPASSEN!

Wenn Du Dich mal nicht mehr auf die gewohnte Umgebung und die beruhigende Gesellschaft Deiner Freunde verlassen kannst, wirst Du viel häufiger den Kopf einschalten, um Dich selbst in Sicherheit zu wissen. Und glaub mir, es ist eine unglaublich wertvolle Erfahrung, zu wissen, dass Du auf Dich selbst aufpassen kannst!

DU WIRST LERNEN, FREUNDSCHAFTEN GANZ NEU ZU BETRACHTEN!

Ich habe enge und tiefe Freundschaften auf Reisen geschlossen, von denen ich sicher bin, dass sie auf eine gewisse Art ewig halten werden. Nicht, weil ich diese Person jeden Tag sehe oder sie all meine Geheimnisse kennt. Sondern weil man auf Reisen eine ganz besonders intensive Zeit miteinander verbringt. Du wirst manchen Menschen schon nach wenigen Stunden so sehr vertrauen wie zu Hause vielleicht erst nach vielen Wochen oder vielleicht gar nicht. Du wirst manche Mitreisenden nach wenigen Tagen schon so gut kennen wie manche Deiner Freunde zu Hause, die Du seit Jahren kennst. Ich will nicht sagen, dass Freundschaften auf Reisen besser sind. Sie sind eben nur anders. Und ganz besonders.

DU WIRST LERNEN, DASS DIE „RICHTIGE" ART ZU REISEN NICHT EXISTIERT!

Oft liest Du, was die „beste" Art zu reisen ist! Aber niemand kann Dir vorgeben, was für Dich die ideale Weise ist zu reisen. Denn jeder Mensch ist unterschiedlich. Die eine rast durch Städte und Länder und kann gar nicht genug bekommen. Die andere bleibt Monate an einem Ort und nimmt in Kauf, vom Rest des Landes nicht viel zu sehen.

Lass Dir nicht vorschreiben, wie Du zu Reisen hast. Finde es selbst heraus! Und reise, wie es Dich glücklich macht!

GUTE ARGUMENTE FÜR EINE SOLO-REISE

Drei Tage vor meiner ersten Fernreise suchte ich panisch nach einem Ausweg. Ich überlegte, ob mein Flug eigentlich noch stornierbar war. Ich fragte mich, was ich mir eigentlich bei dieser komplett dämlichen Idee gedacht hatte, 16.000km weit weg zu fliegen. Noch dazu ganz alleine!

Eine Woche später saß ich am Küchentisch eines Hostels in Sydney, Australien und wurde von einer weiteren Backpackerin angesprochen. Ob sie sich zu mir setzen dürfte, sie wäre auch eine Alleinreisende und würde sich ein wenig einsam fühlen. Das erste Eis war gebrochen und ganz ohne mein Zutun war ich nicht mehr allein.

Einen Monat später waren meine Sorgen und Ängste in sich zusammengeschrumpft. Ich war auf einer 7-tägigen Tour durch Westaustralien entlang der Westküste bis nach Broome, hatte endlich meine blasse, deutsche Haut abgelegt (leider auch wörtlich, denn ich hatte mit dem Sonnenschutz ein wenig geschludert) und kam langsam so richtig in Fahrt was das alleine Reisen anging.

Und nur kurze Zeit später war ich süchtig. Süchtig nach reisen, süchtig nach Abenteuer, süchtig nach mehr!

Für die meisten Frauen ist vor der ersten Reise der Gedanke alleine reisen zu müssen, ein echter Alptraum. Es gibt einige, die sich sofort mutig in das Abenteuer stürzen, kein Problem damit haben, Kontakte zu knüpfen und sofort wissen, wie der Hase läuft. Aber ich möchte behaupten, die Angsthasen und Feiglinge, zu denen ich mich übrigens auch zählen darf, sind weit in der Überzahl! Und weißt Du was? Das ist völlig in Ordnung!

Wir müssen nicht alle mutig, offen und kontaktfreudig sein, um zu reisen. Wir müssen einfach nur endlich lernen, unsere Angst so zu nehmen wie sie ist, sie zu akzeptieren und uns trotzdem unsere Träume zu erfüllen!

Warum aber solltest Du es Dir überhaupt antun, alleine auf Reisen zu gehen? Warum nicht lieber darauf warten, bis der Freund oder die beste Freundin Zeit hat, um mitzukommen?

Wenn Du darauf warten möchtest und eine gute Chance darauf hast, bald Gesellschaft beim Reisen zu haben, dann mach das. Aber zieh zumindest vorher folgende Argumente in Erwägung und frag Dich ganz ehrlich, ob einige nicht vielleicht auch auf Dich zutreffen...

ES WIRD NOCH EINE GANZE WEILE DAUERN, BIS SICH EURE VERSCHIEDENEN ZEITPLÄNE ZUSAMMENBASTELN LASSEN!

Dein Freund bekommt zu einer anderen Zeit Urlaub als Du, deine Freundin kann nur in den Semesterferien reisen und das Geld ist bei beiden sowieso recht knapp. Allzu weit darf die Reise also nicht gehen. Wenn Du planst, mit einer zweiten Person zu reisen, müssen viele Punkte abgeklärt und unter einen Hut gebracht werden. Reisezeit, Reisebudget und nicht zuletzt die Dauer sind deutlich eingeschränkter, als wenn Du einfach Dein eigenes Ding machen würdest.

Willst Du wirklich so eingeschränkt werden?

ER WILL NACH SPANIEN, DU LIEBER NACH ISLAND. SIE MÖCHTE AM STRAND FAUL IHRE BRÄUNE ZÜCHTEN, DU LIEBER DURCH DEN DSCHUNGEL HIKEN.

Einen gemeinsamen Nenner beim Reisestil zu finden, ist ungefähr so schwierig, wie den gemeinsamen Zeitpunkt zu finden. Oft gehen wir Kompromisse ein, ohne es wirklich zu wollen, oder es uns allzu bewusst zu sein. Aber der wichtigste Punkt bei Deiner Traumreise sollte doch genau das sein: Dein Traum!

Stell Dir also ehrlich die Frage, wie viele Kompromisse es wert sind, eingegangen zu werden, bloß damit Du nicht alleine bist. Und ob Du damit nicht vielleicht viel zu viel Deines Traumes opferst. Lass Dich nicht zu sehr von deiner Angst leiten, alleine zu sein. Denn Tatsache ist, auf Reisen bist Du eigentlich sehr selten alleine, wenn Du es nicht wirklich möchtest.

VIELLEICHT, GANZ VIELLEICHT, WEISST DU TIEF IN DEINEM INNEREN JA SCHON, DASS ES EIGENTLICH ZEIT IST, MAL ETWAS ALLEINE ZU MACHEN!

Du bist immer umgeben von Freunden, von Familie und von Kollegen und eigentlich weißt Du gar nicht so richtig, wer Du selber eigentlich bist? Eine Reise alleine, und sei es noch so kurz, kann Dich unglaublich viel über Dich selbst lehren. Angefangen damit, tatsächlich auch einmal alleine sein zu können. Nachdem der erste angstvolle Schritt getan ist, wirst Du feststellen, dass es gar nicht so schlimm ist, alleine zu sein und dass es (außer dem anfänglichen Heimweh vielleicht) auch nicht wirklich weh tut!

Ich habe unzählige Frauen kennengelernt, die bestätigt haben, dass die erste Zeit ein harter Brocken ist. Aber ich habe keine einzige getroffen, die nicht auch zugegeben hat, dass es nach einer Weile gar nicht so übel war. Und die nicht auch unglaublich viel über sich selbst in dieser Zeit gelernt hat. Es ist eine sehr wertvolle Eigenschaft, mit sich selbst auskommen zu können. Eine, die sehr wenige Menschen in unserer heutigen Gesellschaft besitzen und es wird Zeit für Dich, sie zu erlernen!

Fakt ist doch, es gibt eigentlich mehr Gründe, die dafür sprechen, alleine los zu reisen und Deine Träume zu verwirklichen, als darauf zu warten und hinzuarbeiten, dass sich ein Gleichgesinnter findet. Mehr Flexibilität, mehr Erfahrungsschatz und mehr von deinem eigenen Traum, statt dem der anderen! Denkst Du nicht auch?

PROBE-EXPERIMENT: ALLEINE SEIN IN MINI-SCHRITTEN

Ich möchte Dir ein kleines Projekt vorschlagen! Falls Du zu den Frauen gehörst, die immer noch unsicher sind, ob Alleinereisen wirklich eine Option für sie ist, solltest Du Dich selbst mal in kleinen Schritten testen.

Dieser Abschnitt ist besonders für die Angsthäsinnen unter uns gedacht und hat mir am Anfang selbst geholfen, mich an mein großes Abenteuer Solo-Reise heranzuwagen. Es ist in etwa so, als würdest Du mit der Fußspitze in den See tauchen, um die Wassertemperatur zu testen. Anfangs gibt es Dir vielleicht einen kleinen Schock und Du ziehst den Fuß zurück, aber nach dem zweiten und dritten Mal gewöhnst Du Dich an die Temperatur. Irgendwann findest Du Dich schwimmend wieder, ohne darüber nachzudenken. Natürlich hast Du auch jederzeit die Möglichkeit, einfach ins kalte Wasser zu springen...

(*Wenn Du schon sehr selbständig bist und in Deutschland kein Problem damit hast, etwas alleine zu unternehmen, überspring diesen Abschnitt einfach!*)

SCHRITT 1: ALLEINE SHOPPEN GEHEN!

Mir war es anfangs selbst nicht bewusst, aber wie viele von uns gehen eigentlich regelmäßig alleine shoppen? Und damit ist nicht das „Ich brauche das blaue Shirt von H&M, das ich letzte Woche gesehen habe, also ziehe ich schnell los und kaufe es"-Shopping gemeint.

Nein, so richtig mit allem drum und dran: Ein Samstag-Nachmittag nur für Dich alleine, mitten im Gewusel der Stadt. Geh bummeln, hak die Liste der Dinge ab, die Du suchen, testen und anprobieren wolltest, trink Deinen Lieblingskaffee bei Starbucks und gönn Dir zwei Kugeln Eis bei Häagen Dazs. Der Trick dabei ist, Dich ganz langsam an Dinge heranzuführen, die Du eigentlich immer nur zu zweit gemacht hast und diese mit einem Erfolgserlebnis und einem guten Gefühl zu verbinden. Dann wird es Dir deutlich leichter fallen, auch unterwegs Dinge alleine zu unternehmen, ohne wehmütig zu werden.

SCHRITT 2: ALLEIN INS KINO

Ich möchte mein letztes Hemd verwetten, dass die wenigsten von uns schon einmal gewollt alleine im Kino waren. Und dabei gibt es so viele Möglichkeiten dafür! Wie oft hast Du schon auf einen Film verzichten müssen, weil niemand sonst Interesse daran hatte oder es immer einen anderen aktuellen Film gab, den Deine Freunde gerade lieber sehen wollten?

Mach es! Such Dir einen tollen Film aus, kauf Dir Naschzeug, das Du heimlich ins Kino schmuggeln kannst, verwöhn Dich dann noch mit der unabdingbaren Portion Popcorn und schenk Dir einen Abend nur mit Dir und nur für Dich!

Wieso? Weil Du sehen wirst, dass es gar nicht so merkwürdig und fürchterlich ist, wie Du es Dir vielleicht gerade vorstellt und Du spätestens wenn der Film begonnen hat, ganz vergessen haben wirst, dass Du alleine bist. Noch dazu erfüllt es Dich hinterher irgendwie mit einer seltsamen Art von Stolz, so selbständig und unabhängig zu sein! Und genau dieses Gefühl des Stolzes ist unersetzlich und wird Dir auf Reisen alleine noch oft begegnen.

SCHRITT 3: ALLEINE IM RESTAURANT ODER AN DER BAR

Ich gebe offen zu, das war auch für mich der schwierigste Schritt und der, der mich am meisten Überwindung gekostet hat. Aber es ist wichtig, dass Du ihn noch in Deiner gewohnten Umgebung machst, bevor Du auf Reisen vielleicht häufiger dazu gezwungen bist, alleine zu essen oder in einem Café zu sitzen.

Ich gebe zu, ich schummele da selbst heute noch ein wenig. Wenn ich nicht gerade in einem Restaurant mit Meerblick sitze, habe ich meist meinen eBook Reader dabei, der mir Gesellschaft leistet.

Also such Dir für den Einstieg entweder ein Restaurant aus mit Blick auf vorbei strömende Menschen, oder nimm Dir wie ich, etwas mit dass Dich gut unterhält. Vielleicht machst Du Dir Sorgen um all die mitleidigen Blicke, die Du ganz alleine zugeworfen bekommen könntest, aber ich verrate Dir nun ein Geheimnis: Wenn Du an den Punkt kommst, an dem es gar nicht mehr unangenehm ist, alleine zu essen und Du diese Gewissheit auch ausstrahlst, werden Dir die meisten eher heimliche Bewunderung entgegenbringen.

Alleine essen zu können ist keine Schwäche oder ein Manko, es ist eine Stärke, die die meisten Menschen nicht besitzen und um die sie Dich heimlich beneiden!

Wenn Du diese Schritte erfolgreich gemeistert hast, wirst Du eine Veränderung an Dir bemerken: Du wirst feststellen, dass alles, was anfangs furchtbar und angsteinflößend wirkt, ganz schnell seine Macht verliert.

Das ist die beste Lektion, die Du Dich selbst lehren kannst. Denn wenn Du es schaffst, alleine zu essen, alleine im Kino zu sitzen und Zeit mit Dir selbst zu verbringen, wer sagt dann, dass Du nicht auch lernen kannst, alleine zu reisen?

Du willst mit der Planung loslegen? Wunderbar! Auf Pink Compass habe ich Dir in den folgenden Artikeln den Grundstock für Deine Recherche gelegt. Los geht's!

DIE VORBEREITUNG DEINER REISE:

- Meine Art, für Reisen zu sparen
- So wirst Du Deinen Ballast los:
  Mach Besitz zu Geld!
- Den Job kündigen um zu reisen
- Arbeitsamt, Sozialversicherungen... Hilfe!!!
- Reiseplanung: Den richtigen Reiseführer finden!
- Die richtige Kamera auf Reisen
- Soll ich einen Reiseblog anfangen?
- Zum Abschluss: Deine Reisecheckliste!
- Traumprinz oder Traumreise?!

Schau auch auf der Ressourcen-Seite am Ende des Buches nach weiteren Tipps oder auf die Seite www.pinkcompass.de/frauenreisensolo2 für eine komplette Übersicht aller im Buch empfohlenen Artikel.

KAPITEL 2

FINDE DEINE ART DES REISENS

„Du kommst nirgends an,
wenn du nur an sonnigen Tagen gehst.“
Sprichwort aus den USA

(BUDGET-)BACKPACKER, FLASHPACKER ODER DOCH LIEBER ETWAS LUXUS?

Eine der wichtigsten Fragen, die Du Dir vor Beginn einer Reise und vor allem beim Ansparen auf eine Reise beantworten solltest, ist die Frage nach Deinem Budget. Wie viel Geld Du hast und wie viel Du ausgeben möchtest, bestimmt einen Großteil Deiner Reise. Es bestimmt, wohin Du reisen kannst, wie lange und wie viel Zeit Du benötigst, um Deine Reisekasse entsprechend zu füllen.

Um zu bestimmen, wie groß Dein Budget sein muss, solltest Du zu allererst herausfinden, wie Du reisen möchtest. Und welche Art von Reisende Du bist. Im Großen und Ganzen kann man drei Gruppen von Reisenden unterscheiden, wobei der letzten Gruppe finanziell nach oben hin keine Grenzen gesetzt sind:

(BUDGET-)BACKPACKER

Das Backpacking ist seit den 80er Jahren wohl die beliebteste Reiseart für mittlerweile jedes Alter. Wer hat nicht schon einmal davon gehört, dass eine Bekannte oder jemand aus dem Freundeskreis „nur mit dem Rucksack losgezogen ist“. Als Backpackerin kannst Du mit wenig Budget sehr weit reisen und vor allem – je nachdem, wie gut Du planst – auch sehr lange! Du reduzierst Dein Gepäck dabei auf eine wortwörtlich tragbare Menge. Du schläfst in günstigen Unterkünften, wie Hostels in westlichen Ländern und Gasthäusern und Homestays in Südostasien oder Südamerika.

Das Prinzip ist einfach: Du sparst, wo es möglich ist, um mehr von der Welt sehen zu können. Luxus und Komfort spielen da in den meisten Fällen eine sehr untergeordnete Rolle. Das mag für Dich vielleicht nicht das Richtige sein. Daher ist es wichtig, vor dem Reisebeginn schon ungefähr zu wissen, ob Du mit wenig tatsächlich auskommen magst oder kannst. Niemand verurteilt Dich, wenn Du lieber in Hotels schläfst und Taxis statt den lokalen Bussen bevorzugst, aber wichtig ist, dass Du Deine Reisekasse dementsprechend anpasst!

FLASHPACKER

Ein Flashpacker ist per Definition ein Mitt-Zwanziger bis Anfang-Dreißiger, der dem klassischen Backpacker-Dasein (günstigen Hostels und einem Minimum an Ausrüstung) entwachsen ist und ein wenig mehr Luxus und begleitende Technologie (Laptop, semi-Pro- bis DSLR-Kamera, iPads, Tablets, etc.) auf dem Weg genießen möchte.

Gehört habe ich den Begriff zum ersten Mal in Flashpacker Hostels in Queensland, Australien. Diese Hostels gingen in Luxus und Komfort ein wenig über den Hostelstandard hinaus, hatten einen großzügigen Pool, verliehen kostenlos Surfboards und hatten eine gemütliche Ecke mit Hängesitzkörben und BBQs. Das beschreibt das Image ganz gut: Eben einfach „ein wenig mehr“.

Die Technik-Packliste ist die wichtigste des klassischen Flashpackers. Der Laptop und die externe Festplatte bilden das Homemedia-System, das den Flashpacker auch an langweiligen Abenden oder an einem verregneten Ort immer wieder vor dem Langeweile-Tod errettet. Das Smartphone, das gleichzeitig den Mp3-Player bildet, ist da noch der ungewöhnlichste Besitz. Davon trägt heutzutage schließlich jeder zweite Backpacker eines mit sich herum.

Wenn Du als Flashpacker unterwegs bist, ist Dein Budget ein wenig höher als das eines Backpackers, aber trotzdem deutlich langlebiger, als jemand der in Hotels übernachtet. Eine Art gesunder Mittelweg also!

...DOCH LIEBER LUXUS?

Wenn Du auf bereitgelegte Handtücher, regelmäßig frische Bettwäsche und ein eigenes Zimmer bei der Unterkunft nicht verzichten möchtest, dann wird Dein Budget wahrscheinlich deutlich schneller zuneige gehen, aber der Komfort steigt mit jedem Extra, für das Du es opferst!

Zugegeben, spätestens bei einer Langzeitreise von über einem Jahr, kann einem das Hostel-Leben schon manchmal auf den Geist gehen und die Gewissheit, in einem Bett ohne Schmutzflecken, Bettwanzen und mit Privatsphäre zu schlafen, wird plötzlich ziemlich verlockend.

Überleg Dir also zunächst gut, welche Art der Reise Dir vorschwebt, wie viel Du der Reisekasse zuliebe aufgeben kannst (und möchtest) und wo Deine Schmerzgrenzen liegen. Eine Busfahrt über 12 Stunden und durch holpriges Niemandsland kann beim ersten Mal noch ein Abenteuer sein, beim fünften Mal kann es dann schon einfach nur noch Nerven kosten.

Das alles solltest Du vorab einbeziehen, damit Du unterwegs keine Enttäuschungen erlebst oder, im schlimmsten Fall, viel früher zurückkehren musst, als Du eigentlich geplant hattest.

KURZURLAUB VS. LANGZEITREISE VS. DAUERREISE

Nachdem Du Dir über Deine Art des Budgets auf Reisen klar geworden bist, stellt sich die nächste entscheidende Frage: die der Dauer Deiner Reise.

Hierbei gibt es zwei Möglichkeiten: Entweder, Du lässt Deine Reisekasse den Zeitraum bestimmen oder Du bestimmst Dein Reiseland danach. 3000€ können Dich in einem asiatischen Land leicht und angenehm drei Monate reisen lassen, aber in Australien, mit vielen Abenteuern und Touren, gerade mal zwei. Vielleicht ist Dir aber auch schon von vornherein eine Grenze gesetzt, durch die Anzahl Deiner Urlaubstage, der Auszeit, die Du nehmen darfst oder anderer Verpflichtungen, die Du einhalten möchtest oder musst.

Auch wenn all diese Faktoren in Deinem Fall keine Rolle spielen (Du Glückliche!), macht es durchaus Sinn, sich vorab schon grob zu überlegen, wie lange Du unterwegs sein möchtest. Dabei kommt es bei einer Langzeitreise nicht auf den einen oder anderen Monat an, aber die Frage, ob Du zwei Wochen oder zwei Monate unterwegs bist, macht natürlich einen großen Unterschied! Und das nicht nur beim Gepäck!

Bedenke hierbei vor allem eines: Die Welt dreht sich auch ohne Dich weiter! Was bei einem Urlaub von zwei oder drei Wochen nicht so sehr ins Gewicht fallen wird, kann schon bei zwei bis drei Monaten größere Auswirkungen haben. Spätestens bei einem Jahr wirst Du mindestens einen Geburtstag all Deiner Freunde und Familie verpassen und wer, weiß welche großen Ereignisse wie Hochzeiten, Schwangerschaften und Geburten noch.

Ich will Dich damit gar nicht verunsichern oder Dir von einer Langzeitreise abraten (nichts liegt mir ferner), aber es ist einfach etwas, auf das Du vorbereitet sein solltest und was vielen Reisenden unterwegs Heimweh beschert. Sie haben irgendwie in der Illusion gelebt, das Leben zu Hause steht still, während sie das Abenteuer ihres Lebens haben.

Ein weiterer Punkt, der bei der Gestaltung Deiner Traumreise nicht unbeachtet bleiben sollte, ist die Intensität und die Geschwindigkeit, mit der Du reisen möchtest. In letzter Zeit bin ich immer mehr Reisenden begegnet, die es ein wenig bereut haben, so schnell von einer Stelle zur

Nächsten gereist zu sein, obwohl sie ein ganzes Jahr zur Verfügung hatten. Andere erzählen mir begeistert von ihren Reiseplänen, in denen sie in drei Wochen fünf verschiedene Länder packen.

Natürlich ist das durchaus möglich, aber im Nachhinein sind sie oft völlig erschöpft, haben von jedem Land nur einen Bruchteil gesehen und waren unterwegs oft zu genervt und zu beschäftigt, um die Reise auch tatsächlich genießen zu können. Und vor allem, das Erlebte auch aufzunehmen!

Überleg Dir daher vorher gut, was realistisch ist und rechne doppelt soviel Zeit dafür ein, als Du anfangs geplant hast!

Der Punkt ist, es ist immer einfacher, noch eine weitere Stadt, eine weitere Insel oder sogar ein zusätzliches Land unterwegs einzuplanen. Aber es wird Dir jedes Mal das Herz brechen, wenn Du etwas von Deiner Reiseroute streichen musst oder aus Zeitmangel nicht wirklich genießen kannst!

DAS RICHTIGE REISE-ZIEL AUSWÄHLEN

Mal ehrlich: Jede von uns möchte doch vorab am liebsten eine hundert prozentige Garantie, den perfekten Urlaub oder die perfekte Reise geplant, erlebt und gemacht zu haben, oder nicht? Deswegen setzen wir uns stundenlang vor den Computer, befragen Google, recherchieren und planen, was das Zeug hält. Wir fragen Freunde, wir lesen

Blogs und wir gehen dafür manchmal sogar ins Reisebüro, um uns fachmännisch beraten zu lassen.

Ich muss Dir zwei Geständnisse machen (und ich vermute stark, dass sie Dich beide nicht überraschen werden...)

1. Die perfekte Reise gibt es nicht. Egal wie viel Du planst, es wird keinen nennenswerten Einfluss darauf haben. Stolpersteine gibt es immer!

2. Solltest Du tatsächlich alles durchgeplant haben, wird es trotzdem anders kommen als geplant.

Jetzt nennst Du mich vermutlich eine miesepetrige Pessimistin, die Dir den Spaß verderben will, aber halt! Ich bin noch nicht fertig: Diese beiden Punkte sind nicht nur das, was Dich in Deiner Planung ein wenig bremsen sollte, es sind auch die besten Punkte, die Deiner Reise passieren können! Ich habe schon im strömenden Regen auf einer Insel drei Tage in klatschnassen Zelten und Klamotten verbracht, bin im denkbar schlechtesten Wetter durch Sanddünen gewandert und hatte dabei eines der tollsten Wochenenden überhaupt! Bereits nach einer Woche in Australien habe ich meine sorgfältig über Wochen geplante Reiseroute einmal komplett um 180° gedreht und habe von da an nie mehr weiter als zwei Wochen geplant. Es war eine der besten Entscheidungen, die ich während meiner Reise getroffen habe!

Was ich Dir damit nahe bringen will: Plane nicht zu viel, kalkuliere nicht zu viel und vor allem grübel nicht zu viel!

Es gibt nur wenige Dinge, die Du vorab für Dich entscheiden solltest. Hier findest Du die Wichtigsten:

WARUM?

Die Frage kommt Dir jetzt in diesem Zusammenhang vielleicht etwas merkwürdig vor, aber Du solltest sie Dir trotzdem stellen. Ich will dabei auf einen entscheidenden Punkt hinaus: Du solltest gut überlegen, welcher Art Deine Reise sein soll. Sie grenzt das „Wohin" schon deutlich ein, falls Du noch zu viele Wunschziele auf Deiner Liste hast und hilft Dir bei der Entscheidungsfindung Deines Reiseortes. Ist Deine Reise als reine Erholungszeit geplant? Brauchst Du Meer und Strand oder Berge und Regenwald? Willst Du unterwegs arbeiten? Freiwilligenarbeit leisten? Auf einer Farm arbeiten? Für all diese Punkte gibt es bessere und schlechtere Orte. Wichtig ist aber vor allem dieser Punkt:

WILLST DU ARBEITEN?

Falls ja, möchte ich Dir einen guten Rat geben: Versuche Deine Reiseroute so anzupassen, dass Du in entwicklungsstarken Ländern arbeiten kannst und in entwicklungsärmeren Ländern Deine Reisezeit verbringst. So holst Du für Deine Reisekasse, und damit auch die Länge Deiner Reise, das meiste heraus. Arbeite zum Beispiel innerhalb eines Working Holiday Visums in Australien oder Neuseeland und reise anschließend weiter nach Südostasien. Oder nutze das kanadische Working Holiday Visum und bereise anschließend Mexico, Zentral- oder Südamerika. (*Anmerkung: Dieses Visum ist derzeit leider nicht für Schweizer oder Österreicher offen*)

Falls Dir schon vorher klar ist, dass Du unbedingt Freiwilligenarbeit leisten oder auf Farmen aushelfen möchtest, dann schau Dir vor Beginn Deiner Reiseplanung schon einmal die entsprechenden Websites an und finde für Dich heraus, wo Du die besten und interessantesten Möglichkeiten hast.

Letztendlich ist es ganz einfach: Finde heraus, was für eine Art Reise Du unternehmen möchtest und dann such Dir danach das entsprechende Ziel.

WANN?

Oftmals bist Du mit dem Zeitpunkt Deiner Reise an äussere Einflüsse gebunden (Job? Mitreisende?), deshalb steht dieser Punkt schon an zweiter Stelle. Er bestimmt, wie schon im vorherigen Kapitel besprochen, maßgeblich das „Wohin". Solltest Du in der glücklichen Lage sein, selbst den Zeitpunkt Deines Abfluges und vielleicht sogar die Länge bestimmen zu können, rutscht diese Frage ein wenig nach unten. Dann sollten das Klima und die Reisezeit die höhere Priorität haben.

WOHIN?

Die Welt ist so groß und Deine Wunschliste an Reisezielen so lang, dass Du Dich nicht entscheiden kannst? Kenne ich. Kenne ich nur zu gut. Ich kann Dir daher nur die Ausschlussmethode empfehlen: Finde heraus, was Du tun möchtest (Warum?) und grenze den Zeitpunkt ein (Wann?), dann hast Du Deine Route oder Dein Ziel schon fast in die Ecke gedrängt.

Um nun noch einen Startpunkt festlegen zu können, empfehle ich Dir als letzten Schritt in der Planungsliste, die Klimazonen abzuwägen. In Monsun-Zeiten eine Inselkette zu besuchen ist einfach nicht wirklich ratsam. Genauso wenig wie ein Nordaustralien-Besuch inmitten der Regenzeit. Allerdings solltest Du Dir überlegen, vielleicht wenigstens in der Nebensaison zu reisen. Kurz nach der Regenzeit sind die Preise in den meisten Unterkünften nämlich immer noch deutlich günstiger und das Wetter schon gar nicht mehr so schlecht und meist ziemlich berechenbar.

In Südostasien und Nordaustralien zum Beispiel regnet es gegen Ende der Regenzeit an den meisten Tagen nur nachmittags und nachts. So hast Du dort überhaupt keine Probleme, eine günstige Unterkunft zu finden und kannst den Großteil des Tages, oder mit guter Regenkleidung ausgestattet, noch viel unternehmen!

WIEVIEL BUDGET?

Wahrscheinlich die spannendste Frage, wir haben sie ja schon einmal angerissen. Fakt ist: Es ist überraschend unwichtig, wie viel Geld Du hast, denn selbst mit wenig Erspartem, kannst Du tolle und spannende Reiseziele ansteu-

Du solltest eben nur darauf eingestellt sein, sparen zu müssen und Deine Orte Deinem Budget anzupassen, anstatt umgekehrt.

Hier halte ich mich nicht lange auf mit Tipps, die ich Dir vielleicht geben könnte (Südostasien kann ein absolutes Schnäppchen sein, während Australien Dir dann und wann das Wasser in die Augen treibt), sondern gebe gleich mein persönliches Highlight preis:

Das World Budget Travel Table auf dem Reiseblog My Funky Travel (http://www.myfunkytravel.com/budgettraveltable.html, Englisch).

Hier findest Du eine Auflistung von unzähligen Reiseländern und dem geschätzten, benötigten Budget pro Tag! Sie wird seit Jahren immer wieder aktualisiert und ist damit stetig auf dem neusten Stand. Diese Seite ist bei all meinen Planungen, Reisen und Träumen meine absolute Go-To-Seite! Manchmal ertappe ich mich sogar dabei, wie ich einfach so darin herum scrolle, weil sie mir immer wieder in Erinnerung ruft, wie günstig man reisen kann!

IDEALE REISEZIELE FÜR ALLEINREISENDE UND ANFÄNGER

Ich gestehe es lieber gleich, ich habe in der Überschrift ein wenig geschummelt. Ideale Reiseziele gibt es nicht. Aber es gibt durchaus Dein ideales Reiseziel! Vor allem wenn ich von alleinreisenden Frauen oder Solo-Reise-Anfängern gefragt werde, welche Reiseziele ich für die besten und sichersten für Frauen halte, versuche ich erst einmal herauszufinden, wie erfahren sie eigentlich wirklich sind.

Vielleicht hältst Du Dich für einen absoluten Neuling, bist aber schon einmal ein Wochenende alleine weggefahren oder sogar in Europa herumgekommen. Du hast vielleicht mit Freundinnen schon Asien bereist und bist nur neu darin, alleine zu reisen. Oder es ist tatsächlich Deine erste Reise alleine, in einer komplett neuen Kultur.

All das spielt eine große Rolle bei der Frage, welches Reiseziel für Dich ideal ist! Daher spielen wir hier mal ein paar Szenarien durch und Du wirst sehen, die Wahrscheinlichkeit ist groß, dass Du Dich in einem davon wiederfindest und so Dein Reiseziel schon gut bestimmen kannst!

DU WILLST ZWAR ALLEINE LOS REISEN UND UNABHÄNGIG SEIN, ABER DU MÖCHTEST GERN ANDERE REISENDE TREFFEN UND KONTAKTE KNÜPFEN!

Länder, die vollgestopft sind mit Reisenden wie Dir, sodass es Dir leicht fallen wird, Menschen kennenzulernen, auch ohne super kontaktfreudig zu sein, sind zum Beispiel Australien, Neuseeland und die beliebten südostasiatischen Länder wie Thailand und Kambodscha. Noch dazu sind das die beliebtesten Ziele für deutsche Backpacker, was auch die Sprachbarriere ein wenig abmildert.

Laos und Myanmar sind touristisch noch nicht allzu erschlossen, werden aber mit jedem Jahr beliebter. Auch in Vietnam und Indonesien sind viele Backpacker unterwegs und besonders in der Hauptreisezeit wirst Du Dich dort leicht tun, andere Reisende zu treffen. Südamerika ist direkt nach Südostasien die beliebteste Backpacker-Region. Wenn Du dort in der Hauptsaison in Hostels unterwegs bist, sollte es Dir fast schwer fallen, alleine zu bleiben!

DU SPRICHST ZWAR DAS SCHULENGLISCH, WAS NOCH HÄNGENGEBLIEBEN IST, ABER FÜR TIEFE DISKUSSIONEN REICHT ES NICHT. DAS MÖCHTEST DU GERN ÄNDERN!

Australien und Neuseeland sind Deine Reiseziele der Wahl! Zumindest wenn Du auch auf ein sommerliches Klima wie das in Australien, oder auf die unglaubliche Natur wie in Neuseeland nicht verzichten möchtest. Bei beiden herrscht ein westlicher Standard, bei dem Du Dir nicht allzu große Sorgen um einen Kulturschock machen musst.

Natürlich kannst Du genauso gut Großbritannien und Irland in Deine Reiseroute einbinden, allerdings wirst Du es dort schwer haben, Temperaturen über 25 Grad und für eine längere Zeit zu finden.

Die USA bietet sich hier ebenfalls an, aber im Gegensatz zu Australien und Neuseeland, wo Du Deine Reisekasse mittels dem Working Holiday Visum wieder auffüllen könntest, solltest Du hier Dein Reisebudget vorab finanziert haben.Kanada ist als Reiseziel ebenso beliebt. Hier könntest

Du neben Deinem Schulenglisch auch Dein Französisch aufpolieren. Um die Reisekasse zu schonen, gibt es auch hier für Deutsche die Möglichkeit, das Kanada Working Holiday Visum zu nutzen (sogar bis zu Deinem 35. Lebensjahr!). Allerdings ist es sehr begehrt und wird jedes Jahr nur in begrenzter Anzahl vergeben.

ICH MÖCHTE MICH MIR NICHT STÄNDIG SORGEN DARÜBER MACHEN, WIE ICH MICH KLEIDE, UM KEINE UNERWÜNSCHTE AUFMERKSAMKEIT VON MÄNNERN ZU BEKOMMEN!

Das schließt Südamerika leider zu großen Teilen aus. Männer sind dort oft sehr forsch, direkt und das Gegenteil von zurückhaltend. Auch islamische Länder, oder Länder mit einer starken Religionskultur wie Marokko, Israel (vor allem der palästinensische Teil) oder der mittlere Osten ganz generell können da schon anstrengender sein als Länder in Südostasien zum Beispiel, wo Du zwar auch aus Höflichkeit auf Freizügigkeit verzichten solltest, aber es einer Touristin nicht ganz so übel genommen wird, wenn sie auch mal ein Träger-Top trägt.

ICH BIN SCHON ALLEINE GEREIST, ABER NOCH NIE AUSSERHALB VON EUROPA UND HABE EIN WENIG ANGST VOR DEM, WAS MICH IN EINER GANZ ANDEREN KULTUR ERWARTET.

Dabei ist es am sinnvollsten, sich ganz langsam heranzutasten. Auch wenn große Städte überwältigend sein können, ist es dennoch sinnvoll, dort zu starten. Denn wenn Dich dort die Panik überkommt, bist Du zum einen in einer Stadt voller Menschen und vor allem Reisenden, mit denen Du Dich austauschen kannst. Und zum anderen bist Du nicht weit entfernt von etwas Gewohntem wie Starbucks oder McDonalds. Es mag albern klingen, aber ein wenig gewohnte Umgebung kann beim schlimmsten Kulturschock Wunder wirken.

Wenn Du gerne Asien erobern möchtest, fang in den touristisch am stärksten ausgeprägten Ländern an, wie Thailand oder Bali in Indonesien. Dort spürst Du die westlichen Einflüsse und die Menschen sind auf Dich eingestellt. Das macht die Kommunikation und die Eingewöhnung leichter.

Auch in Südamerika sind große Städte wie Rio de Janeiro oder Mexiko Stadt gute Startpunkte. Hier triffst Du unter Garantie andere Backpacker und fühlst Dich anfangs nicht ganz so verloren. Nach und nach kannst Du dann, etwas an das Neue gewöhnt, in abgelegenere Regionen oder anspruchsvollere Länder weiterziehen.

DIE RICHTIGE REISEZEIT! GIBT ES DIE ÜBERHAUPT?!

Eine der häufigsten Fragen, die sich Reisende bei der Planung stellen, ist die nach der richtigen Reisezeit.

Ist es während der Hauptreisezeit nicht überall viel zu voll? Kannst Du ein Land auch trotz der Regenzeit bereisen oder ist das zu umständlich? Und muss ich an Silvester und Weihnachten immer im Voraus buchen? Die Antwort ist ein klares Jein und kommt ganz auf Dich an!

HAUPT- ODER NEBENSAISON

Beides hat seine Vor- und Nachteile. Während Du in der Hauptsaison sicher sein kannst, von vielen Reisenden umgeben und so nicht einsam zu sein, ist es eben auch in den meisten Unterkünften voll und die Wahrscheinlichkeit steigt, dass Deine Wunsch-Unterkunft schon ausgebucht ist. Die Nebensaison kann dann schon deutlich entspannter für Dich sein, aber Du solltest bedenken, dass in manch abgelegeneren Gegenden tatsächlich auch vieles schließt. Gerade Touren können dann eventuell nicht möglich sein, oder nur unter der Bedingung, dass es genügend Anmeldungen gibt. Es kommt also stark darauf an, wo Du reist und was Du vorhast. Entspanntes und vor allem günstigeres Reisen ist definitiv in der Nebensaison möglich!

REGEN- ODER TROCKENZEIT

Selbst in großen Ländern wie in Australien macht es durchaus Sinn, wenn Du Dir mal genau anschaust, wann Du wo sein wirst und ob es zum Beispiel wirklich Sinn macht, in der Regenzeit in Darwin zu sein, wo es Überschwemmungen bis zu einem Meter hoch geben kann. Auch mitten in der heißen Sommerhitze in Sydney zu sein, kann ganz schön anstrengend sein. Wir reden hier schließlich von Temperaturen über 40°C! Das ist so, als würdest Du den ganzen Tag gegen einen eingeschalteten Fön laufen. Aber gerade in den südostasiatischen Ländern kann es, wie schon gesagt, von Vorteil sein, in der Nebensaison zu reisen. Dort ist die Regenzeit nicht immer das, was man sich unter dem Wort klassisch vorstellt: Dauerregen gibt es hier kaum und meist regnet es nur für wenige Stunden am Tag, wenn überhaupt. Die Temperaturen sind viel angenehmer und über Vorausbuchungen brauchst Du Dir auch nicht viele Gedanken machen!

VORAUSPLANEN AN BESONDEREN FEIERTAGEN

Hier gibt es nur eine einzige Antwort, die ich Dir guten Gewissens geben kann: Ja! Definitiv.

Vor allem aber solltest Du neben Weihnachten und Silvester auch auf besondere Feste und Feiertage achten, die nicht in Deinem Kalender stehen, sondern ortsgebunden sind oder den verschiedenen Kulturen zugrunde liegen. Hier ist es immer sinnvoll, sich mal vorab anzuschauen, welche Feste oder Feiertage in Deinem Reiseland anstehen, während Du dort bist.

Ob das Laternenfest in Thailand, Chinese New Year oder auch einfach nur ein Festival in Edinburgh, Du kannst sicher sein, dass die spontane Unterkunftssuche in diesen Zeiten einiges an Nerven kosten wird! Spar Dir das lieber und buche vorab.

REISEBUDGET: WIE VIEL BRAUCHE ICH FÜR WIE LANGE UND WO?

Das größte Problem vor einer Reise, während einer Reise und auch für die Zeit danach ist die Abschätzung Deines Budgets! Für die meisten von uns stellt sich die Frage danach, wie viel Geld wir zur Verfügung haben werden und brauchen, schon ganz am Anfang. Sie entscheidet oft darüber, ob wir uns eine Reise überhaupt leisten können und wie lange wir unsere Reisekasse ausreizen können.

In diesem Kapitel dreht sich alles um Deine Reisekasse und vor allem um die kleinen Tricks und Kniffe, wie Du Dein Budget am sinnvollsten und längsten nutzen kannst! Fangen wir mal damit an, die Lage zu analysieren und die wichtigsten Eckpunkte, die Dein Budget gestalten werden, abzulaufen:

- Überlege Dir zu allererst, wie viel Geld Du derzeit schon auf Deinem Reisekonto zählen kannst

- Definiere den Zeitraum, der Dir noch bleibt, bis Deine Reise beginnt und berechne grob, wieviel Du wohl in dieser Zeit noch sparen kannst

- Plane Nebenjobs oder Extra-Arbeiten, nutze die Punkte aus dem Kapitel „Werde zum Minimalist und mach Deinen Besitz zu Geld!“, um das meiste aus dieser Zeit und für Deine Reisekasse rauszuholen!

- Nun hast Du zwei Möglichkeiten: Definiere ein Ziel und berechne die Zeit, die Du mit Deinem Budget haben würdest (rechne hier lieber mit einem großzügigen Budget, statt mit zu einem zu knapp geschätzten)

- Oder überlege Dir, wie lange Du auf Reisen sein möchtest. Teile Dein Budget durch die entsprechende Zeit und such Dir entsprechend dieses Reisebudgets, das passende Reiseziel (hierbei hilft Dir wieder das Travel Budget Table auf My funky travel)

WIE ABER WEISST DU, WIE VIEL BUDGET DU WO BRAUCHEN WIRST?

Dies ist der kniffligste Punkt, aber auch der ist berechenbar! Zunächst ganz grob:

In westlichen Ländern (Europa, Australien, Neuseeland) kannst Du pro Monat mit 1500–2000€ rechnen, falls Du als Backpacker unterwegs bist. Das bedeutet, Du wohnst in Hostels, teilst Dir dein Zimmer mit diversen anderen Reisenden, kochst selbst, kaufst in günstigen Supermärkten ein und hast kontrollierte Extraausgaben wie Touren, Eintritte, etc. Du fliegst selten und nutzt öffentliche Verkehrsmittel, wie Busse und Bahnen statt Taxis. Dein Alkoholkonsum ist auf ein Wochenendbudget beschränkt und Disco, Kino und ähnliche Extras sind eher selten.

In entwicklungsschwächeren Ländern (Südostasien, Südamerika, Teile von Afrika, Osteuropa) kannst Du schon mit etwa 1000€ gut zurechtkommen, aber auch hier bist Du eher in den Budget-Unterkünften unterwegs, isst an Straßenständen statt in den teuren Restaurants und fliegst nur selten.

WIE NAGELST DU NUN INDIVIDUELL DAS BUDGET FÜR DEINE EIGENE REISE FEST?

Hier meine ganz persönliche Strategie: Meist habe ich bereits ein Ziel vor Augen, ein Wunschland oder ein Gebiet, das ich bereisen möchte. Falls Dir das noch fehlt, beginne wieder oben bei den beschriebenen Punkten und finde zumindest eine grobe Reiseroute für Dich. Nun kannst Du entweder das empfohlene tägliche Reisebudget des jeweiligen Landes (das kannst Du für die meisten Länder in den Reiseführern der Rough Guides Serie im Büchergeschäft erstöbern) mit der Anzahl der Tage, die Du dort verbringen wirst, multiplizieren und Deine Flugkosten hinzurechnen.

Oder Du gehst mehr ins Detail: Überlege Dir ein Budget, das Du pro Nacht ausgeben möchtest. Dafür kannst Du zum Beispiel bei den bekannten Buchungsseiten nach Unterkünften Deiner Reiseziele suchen und Dir einen ungefähren Mittelwert errechnen. Den bekommst Du aus den Übernachtungspreisen, die in den Hostels und Guesthouses entstehen würden, die Deinem Standard entsprechend. Wenn Du zum Beispiel nach Australien reisen möchtest, such Dir eine teure Stadt, wie Melbourne, sowie ein passendes Hostel in dem Du Dich wohlfühlen würdest, als Beispiel aus und sieh Dir den Übernachtungspreis an.

Dann nimmst Du diesen als Richtwert. So kannst Du sicher sein, dass Du in abgelegeneren Ecken etwas weniger ausgeben wirst, aber insgesamt auf keinen Fall Dein Budget überschreitest. Berechne nicht zu knapp! Vielleicht verschätzt Du Dich und zahlst doch häufiger einen höheren Preis, dann ist es gut, eher mit einem Puffer gerechnet zu haben. Diesen Übernachtungspreis legst Du nun auf einen Monat aus.

Überlege Dir, wie oft Du fliegen möchtest, wie viele Touren Du buchen möchtest und recherchiere im Internet, was das von Deiner Reisekasse fressen würde. Rechne dabei mit einem groben Durchschnitt für einen Monat. Nun planst Du noch Dein Essensbudget und diverse Extraausgaben ein. Pro Tag gibst Du Dir also selbst ein Budget für Supermarkt-Einkäufe oder Restaurants. Wenn Du nicht genau weißt, wie viel das sein wird, schau Dir Kostenaufstellungen auf diversen Blogs an, die auf Dein Zielland ausgerichtet sind. Ein paar davon, für Australien und Teile von Südostasien, findest Du im Bonus-Kapitel! Weitere gibt es auf vielen Reiseblogs, wie zum Beispiel Off-the-path.com und TravelRunPlay.de.

Nun solltest Du einen groben Wert (hoffentlich großzügig berechnet, sodass Dich keine bösen Überraschungen am Ende der Reise erwarten) pro Monat ausgerechnet haben und kannst ihn entsprechend Deiner Reisedauer an-passen. So hast Du einen guten Wert für einen 2-Wochen-Urlaub oder auch für eine Langzeitreise. Wenn Du durch verschiedene Budget-Regionen reist, leg Dir ein jeweiliges Budget für jede davon an und rechne alles zusammen.

Vergiss nicht, auf all das noch die Kosten für den Hin- und Rückflug zu rechnen. Auch Anschaffungen für Deine Reise wie Impfungen, Ausrüstung, Medikamente und Auslandskrankenversicherung nicht vergessen! Sie alle gehören in Dein Reisebudget und werden oft unterschätzt!

Wenn Du dies alles gern übersichtlich auflisten möchtest, kann ich Dir wärmstens die Budget-Tabelle von Shannon auf ihrem Blog AlittleAdrift.com ans Herz legen! Du kannst sie dort kostenlos downloaden und für Deine Zwecke anpassen. Ich habe sie selbst auf meiner ersten Australien- und Südostasienreise genutzt, als ich noch unsicher war, wie viel ich tatsächlich pro Monat auf Reisen ausgeben würde.

Zum Packen habe ich unzählige Artikel auf Pink Compass veröffentlicht – zu viele, um dem Thema Packen in diesem Buch auch nur ansatzweise gerecht zu werden. Als schau doch einfach mal auf den Blog und auch in die vielen hilfreichen Kommentare unter diesen Artikeln:

DIE PACKLISTE & DEIN GEPÄCK

- Das richtige Gepäckstück finden
- Die richtige Kleidung
- Packen für kalte Reiseziele
- Backpacker & modischer Stil: Kein Widerspruch in sich!
- Die leidige Frage der Schuhwahl

- Bleib minimalistisch!
- Alle notwendigen Dokumente im Gepäck?
- Die Hostel-Küche im Gepäck
- Wertsachen sicher verwahren
- Die besten Sicherheits-Tools
  für Deine Wertsachen

KOSTENAUFSTELLUNGEN ZU VERSCHIEDENEN REISEZIELEN:

- Was kosten 2 Monate in... Australien?
- Was kosten 4 Wochen Camper-Roadtrip in... Australien?
- Was kosten 4 Wochen in... Thailand?
- Was kosten 3 Wochen in... Kambodscha?
- Was kostet 1 Woche in... Jerusalem?
- Was kosten 6 Wochen in... Indien?
- Was kosten 4 Wochen in... Coast Rica?
- Was kosten 3 Wochen in... Mexiko?
- Was kosten 3 Wochen auf... Bali?
- Was kostet 1 Woche in... Island?
- Was kostet 1 Woche in... London & Umgebung?
- Was kostet ein Stopover in... Istanbul?

Schau auch auf der Ressourcen-Seite am Ende des Buches nach weiteren Tipps oder auf die Seite www.pinkcompass.de/frauenreisensolo2 für eine komplette Übersicht aller im Buch empfohlenen Artikel.

KAPITEL 3

ALS ALLEINREISENDE FRAU SICHER UNTERWEGS

„Wenn irgendetwas Unerfreuliches
passiert, kommen die
Männer mit Sicherheit drum herum."
Jane Austen

DIE ABSOLUTEN BASICS DEINER PERSÖNLICHEN SICHERHEIT

Dreimal in insgesamt mittlerweile 25 Monaten des Reisens. So oft war ich unterwegs alleine in nicht unbedingt gefährlichen, aber kniffligen Situationen, die leicht auch gefährlich hätten sein können.

Hier hast Du nun also meine Antwort auf die Frage nach der eigenen Sicherheit, die zwangsläufig irgendwann auftaucht, wenn ich jemanden überzeugen möchte, dass es als Alleinreisende in der Welt nicht gefährlicher ist als zu Hause. Dieses Mal wird nicht darum herum geredet, hier wird nun alles ausgepackt. Das Gute, das Schlechte, das Fürchterliche und die absolute Horrorvision – die Realität.

WAS DIE REALITÄT IST?

Dass Du auf Reisen Risiken eingehst. Dass Du wahrscheinlich auch mal in unangenehme Situationen geraten wirst (laut meiner persönlichen Statistik allerdings nur alle sieben Monate) und dass die Möglichkeit besteht, dass Du ausgeraubt, betrogen, verletzt oder Schlimmeres wirst.

BOHOOOH. ICH HAB ES GESAGT.

Ja, auf Reisen können Dir schlimme Dinge passieren. Einige Reisende/Menschen/Deiner Bekannten können Dir davon mit Sicherheit ein (trauriges) Lied davon singen und werden es auch, wenn Du sie danach fragst. Aber lass uns zwei Punkte nicht vergessen:

1. Schlimmes kann Dir überall passieren, das schließt Dein Zuhause, Deine Nachbarschaft und Deine Lieblingsdisco nicht aus. Ganz im Gegenteil.

2. Meiner Meinung nach bringt es absolut nichts, hier aufzuzählen, wo wem welche schlimmen Dinge passiert sind.

Deshalb konzentrieren wir uns lieber darauf, wie Du die häufigsten Situationen, die Dich in ernste Schwierigkeiten bringen können, vermeiden und abwenden kannst.

LOS GEHT'S.

Nehmen wir uns als allererstes mal die gängigen Regeln vor. Wenn Dir das zu lahm ist und es Dir schon zum Hals heraushängt, blättere weiter zum nächsten Punkt, aber ich werde daran nicht sparen.

RECHERCHE!

Bevor Du ein Land bereist, solltest Du herausfinden, wie gut Du es als Frau bereisen kannst, wie sicher Du dort bist und auf welche Gefahrenquellen Du Dich einstellen solltest. Schau beim Auswärtigen Amt nach den Sicherheitsbestimmungen und den Reiseempfehlungen. Ist auf Reisen, wenn Du spontan ein weiteres Land anschließen willst, auch super einfach mit deren App „Sicher reisen“.

PLAN DEINE ANKUNFT NICHT IM DUNKELN

Zu den Grundregeln gehört natürlich auch, im Hellen in einer neuen Umgebung anzukommen. In einem ganz fremdes Land solltest Du vormittags oder nachmittags ankommen und natürlich auch schon für mindestens eine Nacht ein Bett gebucht haben. Vergiss nicht, dass die Müdigkeit, ein Jetlag, das neue Klima oder der Kulturschock dich zusätzlich in Deiner Aufmerksamkeit schwächen können.

VERBRING DIE ERSTE ZEIT AN ÖFFENTLICHEN ORTEN

Bis Du Dich an die Gegend und das neue Land gewöhnt hast, geh einfach zunächst mal zu den typischen Sightseeing-Spots. Wenn Du Dich wohler und sicherer fühlst und auch mal an der Rezeption die Einheimischen ausquetschen konntest, wo Du alleine umherstreifen kannst und wo Du besser nicht hin solltest, dann geht's weiter.

BLEIB IN KONTAKT

Lass zu Hause jemanden regelmäßig wissen, wo Du bist und wie Deine Pläne für die nächsten Tage aussehen. Wenn jemand alle zwei bis drei Tage ein Zeichen von Dir erwartet, ist das nicht verkehrt. Ich hatte anfangs meinen Reiseblog, auf dem ich fast jeden Tag aufschrieb, was ich im Urlaub alleine erlebt habe. Zum einen wussten meine Freunde und meine Familie so nicht nur, was ich gerade sehe und entdecke, sondern auch, dass es mir gut geht.

Drei Tage ohne Eintrag ließ dann schon mal die ein oder andere Nachfrage in mein Postfach flattern.

STECK NACH DER ANKUNFT DIE VISITENKARTE DEINER UNTERKUNFT EIN

Das kann in so vielen Momenten nützlich sein. Vor allem aber, wenn Du Dich verläufst oder Du aus irgendeinem Grund Hilfe brauchst um zurückzukommen. Aber auch im schlimmsten Fall, wenn Dich jemand findet und Du nicht sagen kannst, wohin Du gehörst. Wenn Du im Urlaub alleine bist, kann Dich schließlich kaum jemand identifizieren, wenn Du es nicht selbst kannst – außer den Menschen in Deiner Unterkunft!

TRITT BESCHEIDEN AUF

Wenn Du es im Alltag nicht bist, sei es wenigstens, wenn Du im Urlaub alleine unterwegs bist: unauffällig. Trag nicht übermäßig viel Schmuck, schon gar keinen echten. Egal, wie lieb und teuer Dir die Perlenohrringe sein mögen: Lass sie zu Hause. Lass die Markenklamotten und die Designer-Tasche zu Hause. Pack minimalistisch und schlicht. Das bedeutet nicht, dass Deine Kleidung nicht auch Stil haben kann!

Wedel nicht mit großen Scheinen herum, sondern versuch immer, so viel wie möglich Kleingeld zu benutzen. Verstau größere Scheine zum Wechseln in kleinen Seitentaschen Deines Portemonnaies, nutz Deine Kreditkarte lieber häufiger anstatt viel Geld auf einmal abzuheben, und hol sie erst heraus, wenn Du sie brauchst. Vor allem in armen Ländern ist das ein absolutes Muss, schadet aber nirgendwo.

TRAG DEINEN REISEPASS IMMER BEI DIR, WENN DU ALLEINE UNTERWEGS BIST

Auch heute noch habe ich meinen Reisepass immer dabei. Egal, wohin ich gehe. Nicht nur, weil es so vorgeschrieben ist, sondern weil ich mich so jederzeit glaubwürdig und ohne Zweifel ausweisen kann, wenn mir etwas passiert. Einen Scan und eine Kopie habe ich dazu in meinem großen Rucksack und auf einem USB-Stick dabei.

ALKOHOL IST TABU FÜR DICH

Du bist irgendwo neu? Du gehst alleine weg? Du hast die Gruppe, mit der Du unterwegs bist, erst gestern kennengelernt? Dann gibt es für mich keine Alternativregel in diesen Fällen. „Man kann auch ohne Alkohol Spaß haben" ist kein Spruch für Langweiler. Wenn Du daran nicht glaubst, solltest Du Deine Lebenseinstellung noch einmal überdenken.

NUTZE SCHLIESSFÄCHER, WO ES GEHT

Auch wenn Dir die zwei Euro dafür zu viel erscheinen, sie sind es wert, wenn Du damit besser schlafen oder in Ruhe die Gegend erkunden kannst, ohne Dir ständig Gedanken um Deine Sachen machen zu müssen. In Hostels in denen ein Spind angeboten wird: Nutze ihn. Deshalb solltest Du auch immer mindestens ein kleines Zahlenschloss auf Reisen dabei haben. Nutze möglichst Dein eigenes Schloss, denn nur dann kannst Du sicher sein, dass niemand anderes den Code kennt oder einen zweiten Schlüssel dafür hat.

HÖR AUF DEINEN BAUCH!

Wir misstrauen ihm viel zu häufig, aber wenn Du Dich unwohl fühlst, etwas sich irgendwie nicht ganz richtig anfühlt, dann hör auf dieses Gefühl! Selbst wenn es sich als übertreiben herausstellt, better safe than sorry...

SPEZIAL-TIPP: MELDE DICH BEI DER BOTSCHAFT

Etwas, das die wenigsten in Anspruch nehmen, uns aber als Möglichkeit zusteht: Solltest Du längere Zeit in einem Land sein, vor allem einem, in dem eventuell auch politische Unruhen herrschen, schadet es gar nicht, Dich als Reisende in diesem Land bei der Dir nahegelegendsten Deutschen Botschaft zu registrieren. Das macht aber wirklich hauptsächlich in Krisenländern Sinn und wenn Du dort mehr als drei Monate im Urlaub alleine an einem festen Ort bist.

DIE RICHTIGE UNTERKUNFT FINDEN

Auf Reisen ist die Unterkunft oft der Teil der Reiseplanung, der am aufwändigsten ist. Nicht immer soll es da die Hängematte am Strand sein. Auch wenn die gerade für ein Nickerchen durchaus ihren Reiz hat. Welche Unterkunftsarten stehen Dir also auf Reisen zur Verfügung und welche Vor- und Nachteile bringen sie?

HOTELS

Da springen Dich die Vor- und Nachteile ja förmlich an: Der Luxus kann grenzenlos sein, die Sicherheit ebenso und 100%ige Privatsphäre gegen den entsprechenden Preis dazu gebucht werden. Wenn Du die Möglichkeit hast, in einem kleinen Hotel eher am Stadtrand unterzukommen und Dir das Zimmer sogar vielleicht noch mit jemandem teilen kannst, ist ein Hotel absolut machbar, wenn auch immer noch nicht billig. Da wären wir aber auch schon bei der Kehrseite: Es sei denn, Du bist in Asien oder Südamerika unterwegs, sind Hotels im Allgemeinen sehr teuer und nicht gerade Backpacker- oder Budget-freundlich. Gerade in Notsituationen ist ein Hotel aber etwas, auf das Du immer zählen kannst. Quasi die letzte Rettung vor der Parkbank, wenn auch sehr schmerzhaft für die Reisekasse.

GUESTHOUSES

Sie sind ein Zwischending von Hotel und Hostel. Meist einfacher ausgestattet, günstiger und ohne Sterne, aber oft genauso komfortabel wie so manches Hotelzimmer. Besonders in Südostasien habe ich Guesthouses in Großstädten gern genutzt und auch wenn der Preis ein Tick teurer als ein Hostelbett ist, bleibt er trotzdem im Verhältnis, zu dem was Du bekommst (Privatsphäre, ein eigenes Bad und einen Putzdienst für beides) sehr günstig!

BED & BREAKFAST (B&B)

Vor allem in Europa ist das Konzept Bed&Breakfast sehr beliebt und irgendwie verbinde ich es immer mit den Inseln Großbritannien und Irland. Trotzdem finden sich auch auf dem Festland genügend Pensionen, die ein Gästezimmer mit Frühstück anbieten, eben ein B&B. Schlicht, aber meist heimelig, allerdings preislich nicht zu unterschätzen.

HOSTELS & JUGENDHERBERGEN

Meine Lieblingsform der Unterkunft! Die Atmosphäre, das gemeinsame und doch einsame Kochen und Schlafen dort und oft die feinen kleinen Besonderheiten, die jedem Hostel ihren Charme (oder den Wunsch, sofort wieder auszuziehen) geben. Die Preisregion kann von superbillig (bei der Du dann aber auch nichts weiter als eine Matratze in einem Hochbett erwarten kannst) bis fast zu Hotelpreisen rangieren, je nach Luxusausstattung. Ich habe schon für 2€/Nacht in einem Hostel in Kuala Lumpur übernachtet, aber glaub mir, das ich nichts, was ich unbedingt nochmal tun würde.

Die Hostels mit ein wenig mehr Extras (von Handtüchern bis hin zum Pool und BBQ-Anlage) und dafür auch höheren Übernachtungskosten nennen sich gern Flashpacker-Hostels und sind etwas für Rucksackreisende, die nicht jeden Penny zweimal umdrehen müssen. Sie eignen sich perfekt, um sich auf einer langen Reise mal für ein oder zwei Nächte ein bisschen zu verwöhnen, ohne gleich in teuren Hotels absteigen zu müssen! Wie gut ein Hostel ausgestattet ist, welche Extras es bietet und oft sogar Fotos findest Du auf den entsprechenden Hostel-Buchungsseiten, wie zum Beispiel Hostelworld.

HOMESTAYS

Eine sehr schöne Art der Unterkunft, die vor allem in asiatischen Ländern wie Indonesien beliebt ist. Dabei vermieten Familien Gästezimmer, meist auf dem Grundstück ihres Besitzes und verwöhnen Dich nicht selten noch mit einem leckeren Frühstück am Morgen. Die Preise sind verhältnismäßig günstig (im Vergleich zu den Hotels dort) und die Ausstattung oft tadellos! Die günstigen sind meist nicht ausgeschrieben oder in den Reiseführern beschrieben, aber Du kannst sicher sein, dass an jedem Transporthub eine kleine Traube „Vermieter" auf Dich warten und Dir ein Zimmer anbieten wird.

Falls nicht und Du die Zeit und Muße hast, setz Dich ein wenig von der Ankunftsstelle ab, lauf die Straßen entlang und Du triffst schon bald auf jemanden, der Dich, identifiziert als Backpacker, mit nach Hause nimmt!

COUCHSURFING

Diese Art der Unterkunft wird immer beliebter, auch bei Frauen! Du hast bestimmt auch schon mal davon gehört. Das Prinzip ist einfach: Du erstellst ein Profil von Dir und fragst auf anderen Profilen, die eine „Couch", also im Prinzip eine Schlafgelegenheit, anbieten nach, ob im gewünschten Zeitraum Platz für Dich wäre. Das Ganze läuft unter dem Motto Gastfreundschaft und ist kostenlos. Trotzdem solltest Du vielleicht überlegen, wie Du Dich bei Deinem Gastgebern erkenntlich zeigen kannst, ob nun mit einem kleinen Mitbringsel oder vielleicht einem gekochten Essen.

HOUSESITTING

Bei diesem Konzept solltest Du entweder eine Reisebegleitung haben, oder sehr gut mit Dir alleine auskommen! Meist über registrierungspflichtige Websites organisiert, kannst Du Dich darum bewerben, für andere Menschen während ihrer Abwesenheit das Haus zu hüten, die Haustiere zu pflegen oder vielleicht den Garten. Was Du davon hast? Ein Haus oder eine Wohnung ganz für Dich allein und das ohne Kosten! Allerdings solltest Du immer daran denken, dass Du dort trotzdem auch Gast bist und Dich entsprechen verhalten. Viele Informationen darüber findest Du bei Pete & Dalene auf HeckticTravels. Zwei chronische Housesitter, die ihr Wissen auf ihrem Reiseblog teilen! Nora zeigt auf The Professional Hobo, dass es auch als Single möglich ist, mit Housesitting erfolgreich die Welt zu bereisen. (Beide Reiseblogs sind auf Englisch)

AIRBNB

Auf der Website von AirBnB.de kannst Du Unterkünfte bei anderen Menschen buchen, ähnlich wie Couchsurfing.org oder Housesitting, aber kostenpflichtig. Trotzdem lohnt es sich, wenn Du an einem Ort länger bleiben möchtest, hier mal reinzuschnuppern. So bekommst Du in einem fremden Land vielleicht auch eher das Gefühl eines Einheimischen, auch wenn der Kontakt zu anderen, im Vergleich zum Hostel, natürlich eingeschränkter ist.

FERIENWOHNUNGEN

Eigentlich ganz ähnlich wie AirBnB, nur sind es hier meist organisierte, von einem Unternehmen vermietete Wohnungen. Dabei bieten Firmen wie zum Beispiel GowithOh.de in vielen verschiedenen Ländern Wohnungen an, die Du auch für wenige Tage buchen kannst. Bist Du also mal mit einer Gruppe unterwegs, kann dies eine tolle Lösung sein!

WOMEN WELCOME WOMEN

Quasi so etwas wie Couchsurfing nur für Frauen und allein deshalb für Dich schon empfehlenswert! Gegen eine kleine Jahresgebühr wirst Du in die WomenWelcomeWomen Gemeinschaft aufgenommen und kannst dann Frauen anschreiben, die eine Unterkunft für Frauen auf Reisen anbieten. Das Prinzip ist das Gleiche wie beim Couchsurfing, sie bieten es kostenlos an und meist einfach nur, um neue interessante Menschen kennenzulernen.

CAMPING

Die Wahl der Mutigen! Ich würde mich das zumindest nicht allein trauen, in Gesellschaft habe ich allerdings auch viel Freude daran. Der Nachteil bei dieser Unterkunftsart: Entgegen der oft landläufigen Meinung, dass das ja überall erlaubt und damit kostenlos ist, ist es das leider nicht. Und Du musst Dein gesamtes Packwerk an Ausrüstung mit Dir schleppen. Solltest Du aber in den Ländern mit dem Jedermannsrecht (was bedeutet, dass Du überall zelten darfst) unterwegs sein und vielleicht sogar mit einem Auto, das Dein Gepäck trägt, die günstigste und naturnahste Art des Reisens. Und meist auch die lustigste!

WWOOFING

Hast Du schon mal davon gehört? Ein ganz tolles Konzept, bei dem man für meist 4-6 Stunden Arbeit am Tag auf organischen Farmen (Worldwide Workers On Organic Farms) überall auf der Welt Kost und Logis erhält. Eine sehr gute Art, geldsparend zu reisen und trotzdem etwas von der Welt zu sehen!

VOLUNTEERING

Eine noch wertvollere Gelegenheit, auf der Reise Geld zu sparen und dabei sogar etwas Gutes zu tun. Bei der Freiwilligen-Arbeit bekommst Du meist im Gegenzug für Deine Zeit und Motivation eine Unterkunft gestellt. Je nachdem, wo Du also eine Volunteer-Stelle findest, verbindest Du wertvolle Erfahrungen, mit Sicherheit tolle Erlebnisse und eine Reisekasse-schonende Art, durch die Welt zu kommen! Vor allem teure Ziele werden so auch für Backpacker machbar.

SOLLTEN WIR ALS ALLEINREISENDE FRAUEN COUCHSURFEN??

Über das Thema Couchsurfing als Frau wird endlos diskutiert. Es gibt einige Frauen, die schwören, es gibt keine bessere Art, auf Reisen Menschen kennenzulernen, Kontakt zu Einheimischen zu bekommen und dabei auch noch Kosten zu sparen. Allerdings solltest Du dabei wie immer einige Punkte bedenken, bevor Du Dich auf die nächste Couch wirfst...

NICHT ALLE MENSCHEN SIND GLEICH

Nur, weil es genügend Frauen gibt, die mit Couchsurfing absolut kein Problem haben, musst Du nicht eine davon sein. Und Du musst Dich vor allem nicht schlecht fühlen, wenn Du anfangs gehemmt oder nervös bei den „ersten Malen" bist. Mir ging es ganz genauso und ich habe mich erst dazu durchgerungen, als ich mit zwei Schwestern unterwegs war, die bereits Erfahrung mit dem Couchsurfing hatten und mich quasi einfach mitgezogen haben. Danach war ich von dem Konzept allerdings begeistert!

EIN PAAR GRUNDREGELN FÜR DEINE SICHERHEIT

Die Plattform an sich hat schon viele Sicherheitsschranken. Es ist unwahrscheinlich, dass jemand komplett durch das System rutscht, und wenn Du einen „Verified"-Account anschreibst, der noch dazu viele gute Bewertungen hat (die Du Dir unbedingt gründlich durchlesen solltest, damit Du weißt, was Dich erwartet), ist es sehr unwahrscheinlich, dass Du damit reinfällst. Trotzdem solltest Du anfangs ein paar Grundregeln für Dich selbst aufstellen: Lass jemanden wissen, wohin Du gehst und bei wem Du übernachtest. Triff Dich vielleicht vorab mit der Person auf einen Kaffee, wenn Du die Möglichkeit hast. Das ist eine tolle Möglichkeit zum gegenseitigen Beschnuppern.

COUCHSURFING IST NICHT UMSONST

Viele sehen das Couchsurfing als eine Möglichkeit an, kostenlos zu reisen. Das stimmt nur bedingt. Wenn Du ein guter Couchsurfing-Gast sein möchtest (und ich nehme einfach mal an, dass wir beide die Einstellung der Höflichkeit haben), dann solltest Du Dich schon in irgendeiner Form erkenntlich zeigen. Ob Du ein Gastgeschenk mitbringst (eine Flasche Wein zum Beispiel) oder mal abends für Deinen Gastgeber oder Deine Gastgeberin kochst - in irgendeiner Form solltest Du „Dankeschön" sagen für einen sicheren Schlafplatz und ein warmes Bett.

Zum anderen ist das Prinzip des Couchsurfings in erster Linie: Tausche Schlafplatz gegen Gesellschaft und Unterhaltung. Wenn nicht jemand ganz klar das Gegenteil im eigenen Profil schreibt, geht es beim Couchsurfing in erster Linie um den Austausch und den Kontakt zu anderen Menschen. Wenn Du nicht bereit bist, mit Deinem Gastgeber Zeit zu verbringen, ist Couchsurfing nicht das Richtige für Dich.

ES WIRD IMMER SCHWARZE SCHAFE GEBEN

Wenn Du Dich auf das Couchsurfing einlässt, wirst Du vielleicht auch mal an ein schwarzes Schaf geraten. Genauso wie Du mal ein faules Ei bei der Auswahl Deiner Unterkünfte dabei haben wirst, wird vielleicht auch mal ein Host dabei sein, der absolut, dreist oder zudringlich ist.

Hier hilft es, schon nachmittags oder mittags anzukommen, sodass Du ein Gefühl dafür bekommst, ob ihr zusammenpasst oder ob Du Dir vielleicht doch spontan noch einen neuen Schlafplatz organisierst. Hab keine Hemmungen, einfach wieder zu gehen. Das wird vielleicht Überwindung kosten, aber was sind zehn Minuten Unbehagen, wenn Du jemandem beibringst, dass Du gehen möchtest, gegen 24 Stunden quälenden Durchhaltens?

Wenn Du Dir Sorgen darum machst, abends belästigt zu werden oder die Frage gestellt zu bekommen, ob Du und Dein Gastgeber nicht vielleicht zusammen auf der Couch übernachtet, dann such Dir von vornherein Wohngemeinschaften, in denen ein extra Bett oder eine Couch angeboten wird und in denen mindestens eine Frau wohnt (und auch anwesend sein wird) – oder gleich ausschließlich weibliche Gastgeber.

ALTERNATIVEN ZUM KLASSISCHEN COUCHSURFING

Eine tolle Alternative, aber leider noch nicht weltweit vertreten, ist das weibliche Prinzip Women Welcome Women, auf der Du sehr ähnlich zu Couchsurfing nach Unterkünften suchen kannst. Hier gibt es ausschließlich Frauen als Gastgeber, allerdings kostet die Plattform einen Jahresbeitrag. So wird gesichert, dass alle Teilnehmerinnen tatsächlich ernsthaft motiviert sind, und natürlich die Kosten der Pflege der Plattform bezahlt.

Ich weiß, viele dieser Sicherheits-Tipps wiederholen sich, aber sie sind wichtig und müssen sich in Deinen Kopf einbrennen. Nichts ist gefährlicher, als mit der eigenen Sicherheit nachlässig zu werden. Frauen halten eben zusammen.

TRANSPORTE UNTERWEGS

Um von A nach B zu kommen, hast Du in jedem Land verschiedene Möglichkeiten zur Auswahl. Aber auch in fast jedem Land werden sich die Kosten dafür stark unterscheiden. Was wo zu bevorzugen ist, hängt also stark vom Entwicklungs- und Tourismusstand eines Landes ab, aber fast überall gibt es ein paar Kniffe, um die Kosten niedrig zu halten.

ZU FUSS

Definitiv die günstigste Art vorwärts zu kommen, aber auch oft die unterschätzteste. Was hält Dich eigentlich tatsächlich davon ab, auch mal quer durch die Stadt zu laufen? Selbst wenn das TukTuk oder Taxi für wenig Geld zu haben ist, geh öfter mal zu Fuß! Dabei siehst Du nicht nur Deine

Umgebung viel intensiver, sondern tust sogar noch etwas für die Umwelt! Und in Ländern, in denen Katalysatoren ein Fremdwort sind, ist das ein wertvoller Beitrag!

FAHRRAD

Hier nähern sich westliche Städte und die der Entwicklungsländer immer mehr an: Ein Fahrrad zu mieten, ist oft super günstig! Ob Du nun also in Angkor Wat, mit einem gemieteten White Bicycle für 2$ am Tag etwas Gutes für Kambodscha tust oder in Dublin für 2€ pro Tag Deiner Gesundheit, Fahrradfahren kann durchaus und vor allem in Städten ein absoluter Bonus sein! In manchen wenigen Städten, wie in Adelaide in Südaustralien, kannst Du Fahrräder sogar umsonst ausleihen! Dazu hinterlässt Du Deinen Reisepass und bringst das Fahrrad am selben Tag vor Schließung wieder zurück.

MOTORROLLER

Motorroller mieten

Einen Motorroller zu mieten kann vor allem in Südostasien sehr verlockend sein und eine sehr günstige Art, herumzukommen! Allerdings solltest Du Dir im Klaren sein, dass Dich selbst der internationale Führerschein dort nicht unbedingt absichert und vor allem die Motorroller nicht abdeckt, die dort meist vermietet werden (ab 110ccm aufwärts).

Sie bieten zu dem Vermieten meist auch keine Versicherungen an und die, die angeboten werden, werden im Schadensfall sicherlich nicht zu Deinen Gunsten ausfallen. Der letzte Punkt zu Abschreckung, falls Du im Ausland Motoroller fahren möchtest: Frag Dich erst einmal, ob Deine Auslandskrankenversicherung das im Schadensfall mit einschließt. Ich möchte Dir gar nicht davon abraten, Motorroller zu fahren (ich habe es selbst leidenschaftlich gern in Thailand gemacht), aber ich finde, Du solltest Dir zumindest der Risiken bewusst sein, die Du damit eingehst.

TukTuk

Das motorisierte Dreirad, das sich besonders in Thailand, Laos und Kambodscha anbietet (in Indonesien wird es Becak genannt), ist im Preis gar nicht mal zu unterschätzen! Auch wenn der Spaßfaktor mitzählt und es bei Deiner ersten Asienreise ein absolutes Muss ist, solltest Du bei einem längeren Aufenthalt mal in Deiner Unterkunft nachfragen, ob es wirklich immer die günstigste Methode ist, um von A nach B gebracht zu werden. In Thailand sind Taxis (auf ein Taximeter bestehen!) zum Beispiel deutlich günstiger!

TAXIS

Bei Taxis kannst Du oft ordentlich drauf zahlen. So ist der Preis eines Taxis in Bangkok direkt am Ausgang des Ankunftsbereiches deutlich teurer, als wenn Du eines am Ausgang des Abflugbereichs nimmst! Auch werden gerade an Flughäfen, wo Du als frisch Eingereiste die gängigen Preise noch nicht kennst, gerne Abzocke betrieben. Deshalb solltest Du bei Deinem gebuchten Hotel vorab mal den Normalpreis erfragen und dann auch darauf bestehen. In vielen südostasiatischen Ländern wird noch dazu Schindluder mit den Taxi-metern betrieben und nicht selten machen die dann zwischendurch einen abstrakten Sprung nach oben. Auch da lohnt es sich, in der Unterkunft vorher nachzufragen, welchen Taxiunternehmen Du vertrauen kannst.

BUSSE

Ganz allgemein gesprochen kannst Du damit in den meisten Ländern nicht viel falsch machen. Natürlich gibt es immer mal schwarze Schafe, aber ob in Australien, in den USA oder in Südostasien, bei längeren Strecken lässt es sich damit oft am günstigsten reisen.

In Südostasien solltest Du die Preise verschiedener Anbieter zuvor vergleichen und nicht zu scheu zum Handeln sein. Geh, wo möglich, direkt zur Busstation und kauf Dein Ticket dort statt in einem der Tourist Offices.

Wenn Du etwas abgehärteter bist, nicht so viel auf Luxus und Komfort gibst und Dich mal wirklich unter die Einheimischen mischen möchtest, frag nach den „Local Buses“. Sie sind meist für einen Bruchteil des Preises der Touristenbusse zu haben, allerdings auch nur auf einem Bruchteil des Standards. Richte Dich auf Hühner als Mitfahrer ein und doppelt so viele Passagiere, wie es Sitzplätze gibt.

In Australien, Neuseeland, den USA und Kanada gibt es verschiedene Anbieter für Langstrecken und auch dabei Tricks wie Du sparen kannst: In Australien und in den USA ist Greyhound zwar der beliebteste und bekann-teste Anbieter, aber deshalb nicht immer auch der günstigste. Alternativen sind da zum Beispiel der Premier Motor Service (Australien), der oft nicht so überladen ist, dafür allerdings auch nicht ganz so viele Routen abdeckt, wie Greyhound und Boltbus oder Megabus in den USA.

Schau Dich vorab und bei längeren Reisen über mehrere Monate zum Beispiel auch auf deren Websites nach den sogenannten Kilometerpässen um. Dabei kaufst Du ein Kontingent an Kilometern und kannst dann, innerhalb einer festgesetzten Zeit, diese Kilometer „abfahren“. So bleibst Du flexibel und sparst oft auch noch einiges an Geld, im Gegensatz zu Einzeltickets.

ZÜGE

Meine liebste Art zu reisen, leider nicht immer die günstigste. Hier hast Du allerdings den Vorteil, dass Abzocken deutlich geringer werden, da Du Dein Zugticket meist wie alle anderen einfach am Schalter kaufen kannst (was Du, wie bei den Bussen, dem Tourist Office bevorzugen solltest) In westlichen Ländern ist dies leider oft die teuerste Art zu reisen, aber auch da gibt es Ausnahmen, besonders bei langen Reisen: In Australien werden ebenfalls Railpasses angeboten, bei denen Du als Backpacker Einiges sparen kannst und in den besonderen Genuss der Zugfahrt durch ganz Australien kommst. Bei längeren Reisen, die Dich von Ost nach West und von Nord nach Süd bringen, absolut empfehlenswert! Natürlich sollten aber ganz besondere Erlebnisse, wie zum Beispiel die Transsibirische Eisenbahn, ein Grund sein, das Budget mal ein wenig zu strecken.

BOOTE

Hier gibt es ebenfalls wieder große Unterschiede und es lohnt sich letztend-lich, einfach vor Ort zu vergleichen. Oft kannst Du Dein Budget etwas langlebiger gestalten, wenn Du anstatt Flügen mal auf Wasserwege setzt.

FLÜGE

Darauf gehen wir im nächsten Unterkapitel sehr intensiv ein, da sie einer der größten Kostenfaktoren sind. Daher nenne ich sie hier vollständigkeitshalber.

DEINE SICHERHEIT IN ÖFFENTLICHEN VERKEHRSMITTELN

Nicht in allen Ländern ist Deine Sicherheit in Bussen und Zügen automatisch gewährleistet, deshalb halte ich es für wichtig, dass Dir immer bewusst ist, dass Du selbst dafür verantwortlich bist!

Sicherheit in Bussen
Gerade in günstigen Reiseländern wird als erstes an der Sicherheit gespart. Viele Busse sind in schlechtem Zustand und brechen dann auch schon mal mitten im Nirgendwo einfach zusammen. Sorg dafür, dass immer jemand weiß, wann Du wo ankommen solltest und wenn es auch nur

Dein nächstes Gasthaus oder Hostel ist. Achte auf Deine Wertsachen! Gerade in Südostasien werden Gepäckstücke geplündert und Passagiere beklaut, ohne dass irgend-wer Verdacht schöpft, bevor es zu spät ist. Deiner eignen Sicherheit zuliebe solltest Du daher auf Nachtbusse verzichten! Vor allem, wenn Du alleine reist! Die Übernachtungskosten, die Du dadurch sparst, sind die Gefahr, in der Nacht bestohlen zu werden, nicht wert. Solltest Du Dich trotzdem für einen davon entscheiden, schlaf auf deinem Rucksack, bring ein kleines Schloss daran an und sichere vor allem Deinen großen Reiserucksack gut ab, denn diesen kannst Du am wenigsten im Auge behalten.

Sicherheit in Zügen

Hier gilt Ähnliches wie für Busse und Nachtbusse. Zusätzlich solltest Du in Ländern, in denen es angeboten wird, wie Indien oder Malaysia, die Frauenabteile nutzen. Es hat meist einen guten Grund, dass sie existieren!

ANGEBRACHTES VERHALTEN ALS FRAU AUF REISEN

Auf meinen Reisen habe ich viele alleinreisende Frauen getroffen. Wieso auch nicht, heutzutage ist das gesellschaftlich deutlich akzeptierter und normaler als noch zehn Jahre zuvor. Es scheint sogar oft so, dass es mehr alleinreisende Frauen gibt als alleinreisende Männer. Wer hätte das gedacht.

Aber jede von uns steht einmal am Anfang, ist sich unsicher, wie sie sich auf Reisen verhalten soll, welche Fehler sie machen kann und fragt sich gerade in Kulturen, die der unseren fremd sind, wie sie sicher reisen kann, ohne in unangenehme oder riskante Situationen zu geraten. Du und ich sind da keine Ausnahme und ich wette, Du hast oder hattest vor Deiner ersten Reise alleine genauso viel Bammel wie ich. Dabei ist es gar nicht so schwer, sich angemessen zu verhalten und so unerwünschte Aufmerksamkeit gleich von vornherein im Kern zu ersticken. Natürlich gibt es immer Länder, wie Indien, manche Länder in Südamerika oder stark muslimisch geprägte Länder, die schwieriger als Frau zu bereisen sind und die ich an Deiner Stelle nicht unbedingt an den Anfang Deiner Reisekarriere setzen würde. Aber je mehr Du reist, desto mehr wirst Du lernen, mit ungewohnten und neuen Situationen umzugehen. Du wirst das Land das Du bereist kennenlernen und schnell herausfinden, welche Verhaltensregeln dort angebracht sind. Um Dir den kalten Sprung ins Wasser und den Einstieg ein wenig zu erleichtern, hier mal ein paar Verhaltensregeln, die ich mir in den letzten Jahren angeeignet habe und als wertvolle Hinweise für jeden Solo-Reise-Neuling ansehe:

KLEIDUNGSREGELN

Meine persönliche Grundregel und etwas, das Dir Deinen Aufenthalt in einem fremden Land ungemein erleichtern (oder erschweren) kann, ist die entsprechende Kleidung. Ich habe so viele Frauen an den verschiedensten Orten gesehen, die sehr unpassend gekleidet waren.

Und dabei geht es mir nicht nur um aufreizende Kleidung, die unerwünschte Aufmerksamkeit der Männer anlockt, sondern auch um heilige Orte, an denen eine gewisse Menge an Respekt gezeigt werden sollte. In Ländern, die nicht sehr westlich geprägt sind, auch wenn dort vielleicht starker Tourismus herrscht und schließlich jeder Hot Pants und Tank Tops trägt, achte mal darauf, wie die einheimischen Frauen gekleidet sind und passe Dich an. Haben sie ihre Arme und Beine bedeckt oder vielleicht T-Shirts mit kurzen Ärmeln? Tragen Sie Ausschnitt, enge Oberteile oder kurze Röcke? Das ist die einfachste Art, auf Nummer sicher zu gehen: Sich den Menschen anzupassen, die dort leben, wo Du gerade reist. In muslimischen Ländern und an heiligen Orten (Tempel, Kirchen, Moscheen) solltest Du grundsätzlich lange Kleidung tragen. Egal, wie andere Touristen dort auftauchen! In asiatischen Kulturen ist es üblich, in Gebäuden die Schuhe auszuziehen und sie barfuss zu betreten. In Tempeln ist dies sogar ein absolutes Muss! Achte auf besondere Schilder und Hinweise, die vielleicht noch zusätzliche Kleidervorschriften angeben (Kopfbedeckung zum Beispiel) und achte sie. Verhältst Du Dich respektvoll, verhalten sich auch die Einheimischen respektvoller Dir gegenüber!

VERHALTENSREGELN

Informiere Dich vorab in einem Reiseführer, ob es in Deinem Land einen speziellen Verhaltenskodex gibt. Manche Länder sind damit sehr offen und geben Touristen klare Hinweise und Hilfen, wie man sich zu verhalten hat.

So ist es zum Beispiel in Laos ein absolutes Tabu, sich mit Einheimischen einzulassen. Auch generell sollte man mit Liebesbekundungen (selbst mit dem eigenen Freund) in der Öffentlichkeit sparsam sein, die Schuhe in fremden Häusern ausziehen und einem Mönch als Frau nicht ungefragt zu nahe kommen. All das kannst Du zu Beginn der Reise vielleicht nicht sofort wissen, daher ist es nicht nur hilfreich, vorher ein wenig zu recherchieren, um niemanden zu beleidigen, sondern kann auch sehr spannend sein. In vielen Ländern ist Augenkontakt mit Männern schon eine Aufforderung und kann Dir ziemliche Probleme bereiten. Achte auf Dein Verhalten, frag andere Reisende nach ihren Erfahrungen und schließe Dich mit anderen Frauen zusammen, wenn Du Dich in einem Land noch unsicher fühlst. Am wichtigsten ist allerdings, von vornherein ein klares und deutliches „Nein, danke!" zu üben. Am besten sogar in der Landessprache!

VERSCHIEDENE KULTUREN

Auch hier ist mein ultimativer Tipp, sich vorher ein wenig zu informieren. Religionen und Kulturen sind so unterschiedlich. Schon Kleinigkeiten können einen erheblichen Unterschied machen, wie Du aufgenommen und behandelt wirst. Auch umgekehrt gilt das, wenn Du Dich zum Beispiel in einem Land mit einer Minderheit befindest.

In Australien bekommst Du von den Australiern schnell ein gewisses Bild gemalt über die Aborigines und nicht selten ist es sehr negativ. Ich finde das mehr als traurig und besonders schade, dass viele Touristen gleich in die Richtung gedrängt werden, die Aborigines als betrunkenes, rüpelhaftes Volk anzusehen, das sich unzivilisiert einfach nicht an die Regeln hält. Je mehr ich mich dann belesen und informiert habe, desto faszinierender fand ich deren Kultur und desto besser habe ich verstanden, warum sie so sind, wie sie sind. Dass sie uns nicht in die Augen schauen zum Beispiel, liegt nicht daran, dass sie unfreundlich sind, sondern dass man das in ihrer Kultur einfach nicht macht, um die Distanz des anderen zu respektieren.

Solche kleinen Erkenntnisse können Deinen Alltag in einem Land und das Verständnis der Menschen einschlägig verändern. Deine gesamte Erfahrung ist eine andere, wenn Du versuchst, sie zu verstehen und Dich nach den Regeln ihrer Kultur zu verhalten. Das mag uns als emanzipierte, privilegierte Frauen der westlichen Kultur, nicht immer leicht fallen, besonders in Ländern, in denen Frauen nicht sehr hoch angesehen sind. Aber vergiss nie, Du bist dort als Gast unterwegs. Deren Kultur nicht zu respektieren, ist, wie beim ersten Besuch bei Deinem Nachbarn die Füße auf den Tisch zu legen. Ich sage es daher noch einmal: Verhalte Dich respektvoll, dann wird Dir auch respektvolleres Verhalten entgegengebracht!

Die Sicherheit ist grundsätzlich das am meisten diskutierte Thema in allen Gesprächen, die ich mit Frauen vor einer Reise führe und auch auf dem Blog in den Artikeln. Die besten und hilfreichsten zum Thema findest Du hier:

ALS ALLEINREISENDE FRAU UNTERWEGS:

- Wohin kannst Du als Frau sicher reisen?
- Sicher durch's Nachtleben
- Selbstverteidigung und was Du auf keinen Fall tun solltest
- Alleine im Restaurant
- Abendgestaltung für Alleinreisende
- Heimweh – das gefürchtete Monster unter dem Bett
- Wie Du Dich anpasst, wenn Du nicht reinpasst...
- Die nackte Wahrheit über schlechte Erfahrungen beim Reisen

UNTERKÜNFTE & WOHNEN AUF REISEN:

- Höflichkeit in Hostels
- Frauen-Schlafsäle: Die Vor- und Nachteile
- Wenn Du unterwegs keine Unterkunft findest

Schau auch auf der Ressourcen-Seite am Ende des Buches nach weiteren Tipps oder auf die Seite www.pinkcompass.de/frauenreisensolo2 für eine komplette Übersicht aller im Buch empfohlenen Artikel.

KAPITEL 4

ALLEINE REISEN – ABER NICHT EINSAM!

„Am meisten über einen Menschen
sagt nicht aus, wie er mit Freunden umgeht,
sondern mit Fremden."
Unbekannt

SO BLEIBST DU UNTERWEGS NICHT ALLEINE

Die größte Angst vor der ersten großen Reise alleine ist doch meist, dass wir auch alleine bleiben. Wir haben Angst davor, abends einsam in einer Ecke zu sitzen und tagsüber in einer Stadt voller Menschen alleine umherstreifen zu müssen. Wir haben Angst davor, irgendwann zu einem heulenden Elend zu mutieren, weil wir unsere Freunde so sehr vermissen.

Wenn ich Dir eines versprechen kann, dann dass diese Angst völlig unbegründet ist! Ich bin mir damit sogar so sicher, dass ich Dir glatt eine Geld-zurück-Garantie auf dieses Buch geben würde! Wenn Du es nicht darauf anlegst, alleine zu bleiben (und damit meine ich, dass Du Dich nicht 24 Stunden in Deinem Einzelzimmer verkriechst) wirst Du schneller Freunde und Kontakte finden, als Du denkst.

Aber wenn Du nicht einfach nur auf Dein Glück warten oder hoffen willst, gibt es ein paar Kniffe, die Du nutzen kannst, um dem Schicksal auf die Sprünge zu helfen und Deine Chancen etwas zu erhöhen:

SUCH DIR BELIEBTE UNTERKÜNFTE

Je mehr Reisende Du um Dich hast, desto größer ist die Wahrscheinlichkeit, dass Du welche triffst, mit denen Du auf einer Wellenlänge liegst. Logisch, oder?

Deshalb such Dir im Internet beliebte Unterkünfte, die zum Beispiel eine sehr positive Bewertung haben oder Hostels, in deren Bewertungen vielleicht sogar schon beschrieben wird, dass es leicht ist dort Kontakte zu knüpfen. Nutze die empfohlenen Highlights des Lonely Planet. Viele beschweren sich mittlerweile, dass diese Tipps schon total überlaufen sind. Nun, das ist doch für Deinen Zweck erstmal ideal, oder? Wo viele Menschen sind, sind viele potentielle neue Freunde!

NUTZE PORTALE ZUM KENNENLERNEN

Gerade Seiten wie Couchsurfing.org oder WomenWelcomeWomen.org.uk sind nicht nur für kostenlose Unterkünfte ideal. Auf Couchsurfing gibt es zu fast jeder Stadt und jedem Land eigene Gruppen, in denen Reisende und Einheimische Treffen und Unternehmungen planen. Schließ Dich an und triff Dich mit ein paar von ihnen. Da ihr in einer größeren Gruppe unterwegs seid, ist es sicher und eine tolle Art, viele neue Freunde zu finden. Noch dazu können Dir viele von ihnen die Gegend besser zeigen, als es jeder Reiseführer kann!

DURCHSUCH REISEFOREN NACH ANDEREN REISENDEN

Such Dir im Internet Foren Deines Reiselandes und schreib dort einfach, dass Du alleine bist und Kontakte suchst. Du kannst ja auch gleich dazu schreiben, dass Du Dich nur mit Frauen oder Gruppen treffen möchtest, um Dir den Einstieg zu erleichtern. Du wirst überrascht sein, wie viele antworten, wenn Du in einer größeren Stadt oder einem beliebten Reiseziel bist.

NIMM AN EVENTS TEIL

Viele Hostels haben an verschiedenen Tagen besondere Events: Pizzaabend, Filmabend, Stadttouren oder Pubcrawls. Dort sind auf jeden Fall viele Reisende dabei und es ist noch einfacher, ins Gespräch zu kommen, wenn es schon einen gemeinsamen Anlass gibt.

NIMM AN TOUREN TEIL

Auch wenn das oft nicht die günstigste Möglichkeit ist, Leute kennenzulernen, ist es wahrscheinlich eine der effektivsten! Ich habe auf Touren schon so viele Freunde gefunden und bin mit manchen von ihnen anschließend weitergereist. Such Dir eine Tour, die Dich sowieso interessiert und frag nach einer kleinen Gruppe. Auch wenn das widersprüchlich klingt, aber in einer großen Gruppe bist Du nur eine von vielen und gehst vielleicht unter, wenn Du ein wenig schüchtern bist. In einer kleineren Gruppe ist es leichter aus Dir herauszugehen.

Wenn Dein Budget absolut keine Tour zulässt, mach eine der Free City Tours mit, die mittlerweile in fast jeder Großstadt angeboten werden. Frag einfach mal in Deiner Unterkunft danach. Dort gibst Du am Ende ein Trinkgeld und findest im Austausch dafür vielleicht ein paar nette Menschen, die bestenfalls noch in Deinem Hostel wohnen!

DIE SCHEU VOR DEM „HALLO!" ÜBERWINDEN

Uns wird von kleinauf gesagt, dass wir nicht mit Fremden reden sollen. Diese Lektion brennt sich in unser Hirn und lässt uns vor Fremden teilweise zurückschrecken. Wir würden uns in Deutschland im Restaurant nicht einfach zu Fremden setzen. Selbst im Starbucks kostet es Überwindung, den einen freien Platz am Tisch einer zweiten Person zu erfragen. Selbst wenn wir uns dazu setzen, sind wir bemüht, nicht zu stören, vermeiden Augenkontakt und stöpseln uns vielleicht sogar die Kopfhörer in die Ohren, um uns definitiv abzugrenzen und bloß nicht in ein Gespräch verwickelt zu werden. Manchmal würden wir uns vielleicht sogar gerne unterhalten, aber die Gefahr, dass diese andere Person in Ruhe gelassen werden und keine Gespräche aufgezwungen bekommen möchte, ist zu groß, als dass wir uns zur Kontaktaufnahme überwinden können. In Deutschland fällst Du schnell unangenehm auf, wenn Du Dich zu jemandem dazusetzt und einfach drauflosquatschst.

AUF REISEN MUSST DU DIR GENAU DAS ANTRAINIEREN.

Die Hemmungen sind anfangs groß, denn die gleichen Regeln, die uns die Gesellschaft eingetrimmt hat, spuken auch auf Reisen in Deinem Kopf herum:

Was, wenn sie oder er sich gar nicht unterhalten möchte?
Was, wenn ich nerve?

Der entscheidende Punkt auf Reisen ist aber der: Hier sind die Karten ganz anders verteilt. 80% der Reisenden sind alleine unterwegs. Es sei denn, Du bist gerade an einem absoluten Honeymooner-Ort, dann hast Du wahrscheinlich schlechte Chancen. Aber in der Regel bist Du umgeben von Menschen, denen es ganz genauso geht wie Dir. Sie suchen Anschluss, sind interessiert an neuen Bekanntschaften und fragen sich, welche Geschichten die nächste Reisende wohl zu erzählen hat.

Auf Reisen werden wir alle zu Geschichtenerzählern und wir lieben es. Wer erzählt nicht gerne davon, wo er oder sie gerade herkommt, welche Erlebnisse und Abenteuer, Pannen und Glückfälle schon alle in der Erfahrungsschatzkiste liegen und wer hört diese Erlebnisse nicht gern?

GENAU DIESER ASPEKT IST DEIN AUFHÄNGER.

Geh auf jemanden zu, der auch alleine da sitzt, alleine isst oder alleine in der Gemeinschaftsküche kocht.

Du musst Dir ja nicht unbedingt die schwierigen Fälle herauspicken, die, die hinter einem Buch oder dem Laptop verschwunden sind und vielleicht (aber nicht einmal das ist sicher) wirklich ihre Ruhe haben wollen. Geh zu denen, bei denen Du einen guten Aufhänger findest: Der letzte freie Platz im Raum. Die „Kannst Du mir sagen, wo ich das Salz finde?“-Küchen-Chance oder die „Entschuldige, weißt Du, wo hier die Waschmaschinen/Duschen/Schließfächer/Steckdosen“-Hostel-Chancen. Setz Dich mit Deinem Stadtplan im Café zu jemandem und frage nach dem nächsten Supermarkt, der nächsten Drogerie oder Apotheke.

Es gibt unzählige Fragen, die Du stellen kannst und auf die Du aufbauen kannst: „Bist Du schon lange hier? Woher kommst Du gerade? Was ist Dein nächstes Ziel und wie lange bleibst Du noch hier?“ Du wirst in den ersten zehn Sekunden schon merken, ob dieser Mensch nun eigentlich seine Ruhe haben möchte oder redselig einsteigt.

Dann kannst Du Dich entweder nett bedanken und verabschieden – oder Du hast einen neuen Gesprächspartner, mit dem Du Dich austauschen und mit dem Du im Idealfall später etwas unternehmen kannst.

DIE HEMMSCHWELLE IST ANFANGS GROSS. ABER WAS IST DAS SCHLIMMSTE, DAS DIR PASSIEREN KANN?

Ich weiß, in Deinem Kopf schießt Dir nun sofort die schreckliche Vorstellung, dass Du als nervig abgestempelt werden könntest. Ja, würdest Du vermutlich, wenn Du zehn Minuten auf jemanden einreden würdest, der eigentlich mit Kopfhörern hinter seinem Buch verschwunden war. Aber doch nicht, wenn Du nach Salz, Duschen oder eine Apotheke fragst.

Diese Fragen sind genau dafür da, abzuschätzen, ob jemand in Ruhe gelassen werden oder vielleicht insgeheim auch nur Anschluss finden möchte und sich darüber freut, dass Du den ersten Schritt gemacht hast. Mach Dir also nicht zu viele Gedanken darum, andere zu stören und sei einfach sensibel für die Stimmung, die entsteht. Ich wette mit Dir: In 90% der Fälle wirst Du nette Gespräche haben, neue Bekannte und vielleicht sogar neue Freunde finden. Das ist die Magie des Reisens. Niemand ist gerne dauerhaft alleine.

FREMDE MENSCHEN UND DEINE SICHERHEIT

Bei einem Besuch in Israel habe ich mich zum ersten Mal durch Unachtsamkeit in eine unangenehme Situation verfrachtet (ich erzähle Dir in einem späteren Kapiten auch noch genau in welche). Ich wusste, wie ich mich wehren kann und habe mich nach wenigen Minuten aus dieser Situation befreit, aber der Moment veränderte mich. Er veränderte mein Gefühl, meinen Blick auf die Straßen, in denen ich unterwegs war.

Immer wieder lese ich zwei Meinungen zur Sicherheit von Frauen, die reisen. Zur Sicherheit unterwegs mit Wertsachen und zu Betrügereien in verschiedenen Ländern. Ich lese schwarz und weiß. Ich lese zum einen, dass das alles gar kein Problem ist oder zum anderen von den vielen schlimmen Dingen, die da draußen alle passieren. Ich bekomme entweder Angst gemacht und werde eingeschüchtert oder mir wird vorgegaukelt, alles sei wunderbar und die Welt voller Regenbogen und Einhörnern. Doch über die Wahrheit lässt sich kaum jemand wirklich aus, jeder fühlt sich verpflichtet, klar auf der Seite von schwarz oder weiß zu stehen. Das Leben ist aber eine Grauzone.

Reisen als Frau, besonders, wenn man alleine ist, ist nicht immer ein Zuckerschlecken. Niemand sagt Dir vorher, dass Du ständig gemustert wirst, wenn Du durch die Straßen in einer fremden Kultur gehst und Dich das erste Mal wahrscheinlich nicht immer wohl dabei fühlen wirst, weil es nicht nur freundliche, neugierige Blicke sind. Dass Du in manchen Ecken, die etwas außerhalb des Tourismus liegen, als blonde, alleinreisende Frau wie ein Clown im Tarngebiet wirkst.

Niemand sagt Dir, wie lästig anzügliche Blicke oder Sprüche sein können und vor allem Männer werden sagen, dass man als Frau genauso einfach reisen kann wie als Mann.

Ich bin der Meinung, dass man als Reisende für seine eigene Sicherheit verantwortlich ist und, solange man seinen Verstand einschaltet, auch nicht wahrscheinlicher einer Gewalttat zum Opfer fällt als zu Hause. Aber das bedeutet nicht, dass ich mich immer und überall wohl fühle. Das Gleiche gilt für die Sicherheit Deiner Wertsachen. Manche behaupten, ohne ihren Pacsafe nirgendwohin zu gehen. Andere vertreten die Meinung, dass es schon reicht, die wichtigsten Dinge immer bei sich zu haben. Dass nur die Locals klauen. Dass nur die Touristen klauen. Dass keiner klaut.

Du wirst immer wieder tausend verschiedene Meinungen hören zu allen Fragen der Sicherheit. Aber was Dir niemand sagt, ist, dass die Sicherheit keine Sache von Pacsafe-Rucksäcken oder dunklen Gassen ist. Sie ist ein Gefühl. Das Gefühl, in Deiner eigenen Komfortzone zu sein!

Lass Dir von niemandem einreden, reisen als Frau sei gefährlich oder ungefährlich. Lass Dir von niemandem sagen, wann Du Dich wohl zu fühlen hast und wann nicht. Lass Dir von niemandem sagen, wie viele Sicherheitsvorkehrungen die Du triffst, nötig oder übertrieben sind. Tu das, was Dir ein gutes Bauchgefühl gibt! Wenn das zehn Schlösser am Rucksack sind, ist das ok. Und wenn Du abends nicht mehr aus dem Hostel möchtest oder nur in Gruppen unterwegs bist, ist das auch ok. Und wenn Du glaubst, betrunken nachts alleine durch fremde Straßen zu tingeln ist völlig ok, dann schalt vielleicht noch mal den Kopf ein. Lies Dir Tipps von erfahrenen Reisenden durch, soviel Du magst. Und dann tu, was sich richtig für Dich anfühlt.

Denn nur durch Ausprobieren und Austesten wirst Du nach und nach herausfinden, wo sich Deine Komfortzone befindet! Niemand kann Dir sagen, wo sie beginnt und endet, dafür sind wir viel zu verschieden. Aber wenn Du es weißt, dann fühlst Du Dich auch sicher, wo auch immer Du bist!

DEIN WERTVOLLSTES SICHERHEITSTOOL: DEIN BAUCHGEFÜHL!

Wohin sollst Du reisen? Welche Situationen sind zu gefährlich für Dich? Wann ist die Reisesucht wichtiger als der Alltag? Und wann ist es Zeit, alle Zelte abzubrechen?? Ich habe mir viele dieser Fragen immer wieder gestellt und wenn Du schon eine Weile auf meinem Blog mitliest, bin ich sicher, Du hast Dir mindestens eine dieser Fragen auch schon gestellt. Wenn nicht sogar alle. Ich versuche immer, ehrlich mit Dir zu sein und trotzdem immer klar und deutlich dazuzusagen: Das hier ist meine Meinung und meine Erfahrung und Deine kann ganz anders sein! Aber in einem Punkt bin ich mir so sicher, dass ich es schlichtweg als Fakt darstellen würde, ohne Dich je gesehen oder getroffen zu haben: Dein Bauch hat immer Recht!

Ich höre sofort die ganzen „ja, aber"-s da draußen und grenze daher ein:

- Mag sein, dass Du eine Bauchentscheidung auch mal bereust, aber ich bin sicher, Du würdest es wieder so machen, weil Du daraus Wertvolles gelernt hast.

- Mag sein, dass der Kopf die sinnvollere Lösung bereit hält und es eben manchmal vernünftiger ist, seinen Weg einzuschlagen. Aber auch hier bin ich mir sicher, dass Entscheidungen, die der Kopf entgegen Deinem Bauch gefällt hat, Dich nie 100%ig glücklich machen können.

Ich bin ein Bauchmensch. Durch und durch. Ich habe eine Kopfstimme und viel (manchmal viel zu viel) Vernunft in mir. Aber ich trainiere immer wieder, einfach auf meinen Bauch zu vertrauen.

Ich habe meinen Job gekündigt, alles verkauft, was nicht in den Rucksack passt und mich trotz Angst und riesigem Sicherheitsbedürfnis in die Selbständigkeit geworfen, was in etwa so ist, als würdest Du einen Nichtschwimmer ins Wasser schubsen und hoffen, er lernt im Flug noch schwimmen.

Aber wenn Du auf Deinen Bauch hörst, dann wird es niemals die falsche Entscheidung sein! Denn Du wirst immer damit wachsen und Erfahrungen sammeln, die Dich genau dorthin bringen, wo Du sein sollst!

Davon bin ich überzeugt!

KAPITEL 5

DIE SUCHT NACH DER GARANTIE

„Leg den Stadtplan beiseite und
verlier Dich einfach in den Straßen.“
Unbekannt

WARUM EINE LANGZEIT-REISE NICHT ALL DEINE PROBLEME LÖST

Uns Alleinreisenden wird oft nachgesagt, wir laufen davon. Du wirst das mit Sicherheit auch das eine oder andere Mal hören, wenn Du eine Langzeitreise planst – oder hast es sogar schon gehört. Unser erster Instinkt ist, uns zu verteidigen. All die Gründe aufzuzählen, warum das nicht der Wahrheit entspricht. Aber irgendwann, vielleicht erst, wenn Du zurückkommst, wirst Du feststellen, dass die anderen ein Stück weit Recht hatten. Die Sache ist bloß die: Du musst das weder ihnen noch dir heute schon eingestehen (vielleicht auch nie) – denn es ist nicht zwangsläufig etwas Schlechtes.

Wenn mich heute Menschen fragen, was sie in einem schwierigen Abschnitt ihres Lebens machen sollen, in einer Zeit, in der sie nicht wissen, was sie tun sollen oder welche Entscheidung die richtige ist, dann empfehle ich ihnen eine Reise. Ich sage jedem, dass die beste Möglichkeit, einen freien Kopf und damit überhaupt erst die Möglichkeit zum klaren Denken zu bekommen, eine Reise ist. Hier bist Du mit Dir und Deinen Gedanken allein. Niemand beeinflusst Dich, niemand redet auf Dich ein und vor allem übt niemand Druck auf Dich aus.

Du kannst endlich in Ruhe darüber nachdenken, welches Studium das richtige für Dich ist, ob Du Dich aus der unglücklichen Beziehung lösen sollst, in der Du steckst, wie Du über Deine letzte Beziehung hinwegkommst und ob Du Dein gesamtes Leben noch einmal um 180 Grad drehen solltest. Unser Kopf braucht Freiraum, um denken zu können. Um Entscheidungen treffen zu können. Und drei Dinge helfen ungemein, um den Kopf frei zu bekommen: Abstand. Zeit. Alleine sein. Das sind die positiven Seiten des Davonlaufens. Oder einer Langzeitreise, wie ich es viel lieber nenne.

Und das sind die Gründe, warum Davonlaufen nichts Schlechtes ist. Nur interpretieren die Menschen um uns herum es als etwas Schlechtes, weil es oft den Haken hat, dass sich das, vor dem Du davonläufst, nicht ändert. Es sei denn, Du änderst Dich. Du und Dein Verhalten. Deshalb solltest Du Dir von Beginn Deiner Reise bewusst sein, dass sich die Welt weiterdreht ohne Dich – aber sich nicht viel verändern wird.

Dein Leben füllt sich gerade mit Erfahrungen, Erlebnissen, Erinnerungen und Glücksgefühlen, während sich zu Hause große Strukturen nur wenig ändern. Dein Job, zu dem Du eventuell zurückkommst, wird sich nicht sehr verändern. Dein Freundeskreis wird sich vielleicht erweitern oder verkleinern, aber die Menschen darin werden sich nicht stark verändern.

WEIL SICH OHNE GROSSEN EINFLUSS ODER GROSSE EINSCHNITTE EINFACH NICHT VIEL ÄNDERT.

Wenn Du wie ich in Deinen Dreißigern bist, werden Freunde heiraten, Kinder bekommen und Häuser kaufen. Du bekommst den Eindruck, es habe sich viel verändert, während Du weg warst. Tatsache ist aber vor allem, dass sich Dein Blickwinkel auf alles, was vorher Dein Alltag war, einschneidend ändern wird. Du wirst vielleicht Deine alten Kleidungsstücke als sonderbar bekannt und fremd gleichzeitig empfinden, wirst Dich irgendwie darin nicht mehr wohl fühlen und am Tag nach Deiner Rückkehr alles zur Altkleidersammlung bringen. Du wirst Dich mit Freunden treffen und das gleiche Gefühl haben. Nur legt man Freunde nicht so leicht ab wie Kleidungsstücke.

Du wirst vielleicht das Gefühl haben, niemand sieht Dich wirklich. So wie Du bist. Wie Du da draußen geworden bist. Niemand sieht die Veränderungen, die Du durchgemacht hast, niemand sieht die neue Reife in Dir und dass Du innerlich gewachsen bist.

DU WIRST DICH IN DEINEM EIGENEN LEBEN FREMD FÜHLEN.

Das alles mag Dich nun erschrecken und vielleicht sogar abschrecken, aber auch wenn es ein wenig gruselig klingt: All das ist gut so!

DU GEHST AUF REISEN, UM ETWAS ZU VERÄNDERN. SEHR WAHRSCHEINLICH DICH SELBST.

Sieh all das als Teil des Geschenks des Reisens an. Aber mach Dir auch schon vor Deiner Rückkehr klar, dass Du etwas verändern musst, wenn Du zurück im Alltag bist. Du musst die

Stärke und das Selbstbewusstsein, dic Du auf Reisen gewonnen hast, zu etwas nutzen, das Dir auch in Deinem alten Leben eine Veränderung bringt. Nicht nur in Dir selbst.

Eine Langzeitreise lässt nicht all Deine Probleme verschwinden. Es lässt nicht alle Menschen verschwinden, denen Du entkommen wolltest. Sie gibt Dir lediglich eine Auszeit, in der Du darüber nachdenken und entscheiden kannst, wie Du in Zukunft mit den Menschen und Dingen in Deinem Leben umgehen möchtest.

WIE DU DEIN LEBEN NACH DEM REISEN LEBEN MÖCHTEST.

BUCKET-LIST ENTTÄUSCHUNGEN

Bei meiner ersten langen und großen Reise war Sydney meine allererste Station. Die Bilder und Fotos der Sydney Opera und der berühmten Harbour Bridge hatten mein Reisefieber monatelang angeheizt, und so konnte ich es am zweiten Tag nicht erwarten, endlich live diesen Anblick zu genießen.

Schon von Weitem blitzte die Oper um die Ecke und vor dem strahlend blauen Himmel, wie ich es in Australien gar nicht anders erwartet hatte, wirkte sie schon im Miniatur-format imposant. Dann stand ich endlich vor ihr, keine zehn Meter entfernt und starrte auf die weißen Seitenflügel. Ein seltsames Gefühl beschlich mich, das ich von allen Gefühlen als letztes erwartet hätte: Ich war maßlos enttäuscht.

Um die halbe Welt war ich für diesen Anblick geflogen und nun stand ich vor einem Gebäude, das zwar interessant aussah, aber irgendwie nicht so ganz dem ganzen Wirbel gerecht wurde, der darum gemacht wurde. Außerdem hätte ihm eine gründliche Wäsche mal gut getan, denn die Flügel waren ganz schön schmutzig.

WAS WAR DA PASSIERT?

Ich hatte so große und hohe Erwartungen an diesen Ort, dass die Wirklichkeit einfach nur ernüchternd war. Das kann passieren und wird Dir mit Sicherheit auch mal so gehen.

ABER DAS IST KEIN DRAMA.

Es wird immer Orte geben, die Deinen hohen Erwartungen gerecht werden, und manche werden Deine kühnsten Träume noch übersteigen. Sei Dir einfach bewusst, dass der Hype um einen Ort, eine Sehenswürdigkeit oder ein Land nicht zwangsläufig Deinem Geschmack entsprechen muss. Vielleicht haben viele Menschen ein ganz besonderes Gefühl an einem Ort, eine spontane Verbindung dazu – und andere sehen einfach nur einen Steinhaufen und fragen sich, was die ganze Aufregung eigentlich soll. Lass Dich deswegen nicht davon abhalten, auch die klassischen Touristenspots aufzusuchen, denn bei den meisten hat es einen guten Grund, warum sie so angepriesen werden. Geh nur nicht grundsätzlich davon aus, dass, nur weil Tausende andere diese Orte so anhimmeln, es auch Dir so gehen wird. Die Wahrscheinlichkeit ist hoch, aber es gibt eben keine Garantie.

So höre ich immer wieder, dass Angkor Wat maßlos überschätzt und von Touristen plattgetrampelt wird – aber in meiner Erinnerung wird es immer einer der schönsten und faszinierendsten Plätze der Welt bleiben. Trotz Touristenrummel und Hype. Es geht auch ganz viel darum, wie Deine eigene Einstellung ausgerichtet ist. Wenn Du Dich darauf einstellst, dass an einem Ort viele Touristen, Verkäufer und Händler sein werden, wird es Dich weder negativ überraschen noch schocken.

Dann wirst Du Dir vielleicht vorab schon ein paar Tricks im Internet suchen, wie Du den Touristenströmen entgehen kannst (zum Beispiel sehr früh am Morgen zu einer beliebten Sehenswürdigkeit ankommen, während der Mittagszeit, wenn alle Touristen in die Restaurants verschwinden oder kurz vor der Schließung).

Lass Dich also nicht grundsätzlich abschrecken, versuch Deine Erwartungen nicht zu hoch und rosarot werden zu lassen und vor allem: Bilde Dir immer deine eigene Meinung! Dann wird es Dir selten so gehen wie mir in Sydney.

REISEMÜDE AUF DER LANGZEITREISE – ALTERNATIVEN ZUM RÜCKFLUG

Nach den ersten sechs Monaten in Australien lag ich irgendwann auf einer Couch im Hostel und starrte die Decke an. Ich fühlte mich schlapp, müde und ausgelaugt und von draußen lachte mich die ewige Sonne an. Das schlechte Gewissen krabbelte mir in den Nacken: Ich sollte eigentlich da draußen sein, mir die Stadt anschauen und etwas erleben. Schließlich war ich dafür hier. Aber beim Langzeitreisen gibt es eine Lektion, die wir alle früher oder später lernen: Reisen ist anstrengend.

Vor allem, wenn Du so reist, wie Du es bei einem zweiwöchigen Jahresurlaub tun würdest. Du versuchst, Deine Zeit so effektiv zu nutzen wie möglich und so viele Erlebnisse in den Tag zu pressen, wie irgendwie geht. Das hält kein Mensch über mehrere Monate aus und egal, mit wem ich mich unterhalte: Jeder berichtet davon, irgendwann einfach nur noch im Bett liegen und sich ausruhen zu wollen. Wenn Du also an den Punkt kommst, an dem das Reisen keinen Spaß mehr macht, und Du Dir Gedanken über den Rückflug machst, dann frag Dich stattdessen, ob Du nicht lieber ein paar neue Gewohnheiten ausprobieren solltest...

BLEIB AN EINEM ORT

Wenn Du die Möglichkeit hast, versuch mal, an einem Ort zu „wohnen“ statt nur durch ihn durchzureisen. Such Dir ein WG-Zimmer oder sogar ein kleines Appartement und mach mal ganz normale Dinge wie Couchabende und Kochen in einer ausgestatteten Küche.

Gib Dir mal wieder das Gefühl des „Ankommens“ statt des stetigen Gefühls des Aufbrechens. Das alleine lässt auch endlich mal wieder das Reisefieber und Vorfreude auf neue Ziele aufkommen.

SUCH DIR EINEN ORT, AN DEM DU DICH GUT VERSTÄNDIGEN KANNST

Es ist nach einer Weile sehr nervenzehrend, wenn Dich jeder zweite nur halb oder sogar gar nicht versteht. Als ich letztes Jahr in Vietnam war, hat es mich total ausgelaugt, immer nur mit Händen und Füßen kommunizieren zu können und das tiefsinnigste Gespräch die Zubereitungsart meiner Frühstückseier war.

ENTSPANN DICH!

Lass die ganze Action mal ruhen und tu etwas für Deinen Körper. Wenn Du in Südostasien unterwegs bist, lass Dich massieren, investier das Geld und geh einen Tag in ein Spa oder auch einfach nur mal ins Kino. Schnapp Dir im Second Hand Laden mal ein Buch und verbring einen Tag auf der Hostel-Couch. Oder sogar eine Woche lang nur mit Serien schauen. Das mag absurd klingen und Dir im ersten Moment nur ein schlechtes Gewissen machen, dass Du die wertvolle Zeit auf Reisen verschwendest. Aber der Langzeiteffekt wird sein, dass Du wieder Lust und Energie hast überhaupt weiterzureisen.

Was ist also mehr verschwendet? Eine Woche, in der Du ausruhst, oder ein Monat, in dem Du dauermüde bist und Dich zwingen musst weiterzureisen?

FINDE EIN LIEBLINGSCAFÉ ODER EIN LIEBLINGSRESTAURANT

Oft vermissen wir einfach gewohnte Umgebungen und gewohnte Gesichter. Geh häufiger mal in dasselbe Café oder dasselbe Restaurant, bis Du die Gesichter dort alle kennst und sie Dich wiedererkennen.

Ich lande oft in Chiang Mai, wenn ich des Reisens müde werde. Ich liebe diese Stadt und kenne mittlerweile meine Lieblingsecken. In meinem Lieblingsrestaurant AUM habe ich schon ganze Tage mit Essen, Arbeiten und Entspannen verbracht. Dort kennt man mich mittlerweile sogar so gut, dass in meinem Obstsalat schon automatisch die Früchte ausgelassen werden, die ich anfangs immer übriggelassen habe. Dort fühle ich mich ein Stück Zuhause, gut aufgehoben und nicht fremd.

SCHON ÜBERLEGT, DIR EINE BESCHÄFTIGUNG ZU SUCHEN?

Wie wäre es mit freiwilliger Arbeit, Wwoofing (Worldwide working on organic farms) oder sogar einem Job, der die Reisekasse füllt? Such Dir eine Aufgabe, etwas, wobei Du nicht von einem Tag zum anderen weiterziehen musst, aber trotzdem siehst, dass Du etwas getan hast. Gerade Wwoofing ist oft auch etwas, das Dir bei Reisemüdigkeit gut hilft, denn dabei bist Du in der Natur, musst nicht den ganzen Tag arbeiten und hast auch genug Zeit für Dich. Und es gibt spannende Wwoofing-Stellen auf der ganzen Welt...

SUCH DIR HEIMATLICHE LECKEREIEN

Es mag lächerlich wirken, aber nach ein paar Monaten fremdartigen Essens bekommst Du plötzlich Gelüste nach heimatlich Essen. Ich hatte Heißhungerattacken nach Nutella, Vollkornbrot und Käse in allen Varianten. Dadurch, dass besonders Käse in Australien, Kanada und den USA so teuer ist, gönne ich mir nur selten diesen Genuss, wenn ich dort unterwegs bin und in Südostasien ist er noch dazu einfach schwer zu finden.

Aber such Dir irgendwo den größtmöglichen Supermarkt (irgendwo gibt es ihn immer) und nimm mal ein bisschen Geld in die Hand, um diese Gelüste zu stillen. Nicht nur Liebe geht durch den Magen. Auch Dein Wohlbefinden im Ausland profitiert davon...

Letztendlich kannst Du Dir als Fazit einfach merken: Versuch, die Heimat ins Ausland zu holen. Entspann Dich und gönn Dir etwas.

Du wirst vielleicht denken, dass das Reisen an sich schon genug Belohnung sein sollte, aber verwechsle nicht Deinen Verstand mit Deinem Körper. Für ihn ist das alles einfach nur anstrengend, egal, wie viele Glücksmomente Du bereits gesammelt hast, und er braucht manchmal einfach Regenerationszeit. Dann sagt er Dir, dass die Grenze gekommen ist, indem Du Dich schlapp, müde und ausgepowert fühlst. Spätestens, wenn Du krank wirst, ist es Zeit, einen Gang runterzuschalten!

DIE ERSTE ZEIT: WENN DAS HEIMWEH ZUSCHLÄGT

Ich werde nicht lügen – die erste Zeit alleine unterwegs ist nicht immer einfach! Besonders, wenn Du als Reisende Länder besuchst, deren Kultur, Menschen und Natur der unseren so fremd ist.

Als ich zum allerersten Mal in Asien angekommen bin, habe ich zwei ganze Tage nur im Guesthouse verbracht, weil ich nicht vor die Tür wollte. Mir war da draußen einfach alles zu viel. Zu viele Eindrücke. Zu viele fremdartige Menschen.

Kurz nach dem Aufbruch in meine zweite Langzeitreise hatte ich lediglich zwei ganze Tage in Istanbul zur Verfügung und war insgeheim erleichtert, dass es am zweiten Tag Bindfäden geregnet hat. Denn so musste ich mich dem Gewusel und den vielen neuen Eindrücken nicht noch einmal aussetzen und konnte mit gutem Gewissen ein wenig Zeit am Laptop verbringen.

In Tel Aviv ging es mir ähnlich. Kaum hatte ich mich ein wenig an Istanbul gewöhnt, kam die nächste Kulturumstellung. Überall hebräisch, in meinen Ohren, auf allen Schildern und selbst meine liebste Landkarten-App, die mich bisher noch überall begleitet hatte, ließ mich dank hebräischer Schriftzeichen im Stich. Da fand ich mich dann ganz schnell in einer leichten Schockstarre wieder. Zum Glück war das Meer direkt vor der Hosteltür und was gibt es Beruhigenderes als Meeresrauschen?

Mir geht es eigentlich fast jedes Mal so, wenn ich eine neue Reise starte. Ich vermute, das wird sich auch nie ändern. Manchen Menschen fällt es ganz leicht, sich in neuen Umgebungen zurechtzufinden und alles aufzusaugen. Mir nicht. Aber das ist in Ordnung, ich weiß mittlerweile damit umzugehen. Deshalb möchte ich auch Dir Tipps geben, wie Du einen sanfteren Einstieg ins Reisen und das Neuland da draußen finden kannst.

PLANE GROSSZÜGIG!

Plan Dir genügend Zeit für Reiseziele ein, die neu und wahrscheinlich ungewohnt sein werden. Auch wenn Du vielleicht nur drei oder vier Wochen auf Reisen sein wirst und so viel wie möglich sehen möchtest, glaub mir, Du wirst es bereuen nur von A nach B gerannt zu sein. Gib Dir zumindest am ersten Ort mindestens ein paar Tage Zeit um anzukommen.

GÖNN DIR PAUSEN!

Dein Tag muss nicht mit 18 Stunden Aktivität gefüllt sein! Plane locker und lass Dir zum einen die Möglichkeit, spontan zu sein und zum anderen auch die Chance, einfach mal zurück in Deine Unterkunft kommen zu können, um ein paar Stunden zu relaxen, wenn Dir alles mal wieder zu viel wird.

FINDE NEUE FREUNDE!

Ja, denkst Du jetzt. Aber wie?? Glaub mir, wenn ich Dir eines garantieren kann, dann dass die Welt voller Reisenden und Backpacker wie Dir ist!

Deshalb rate ich Dir, buche ein Hostel wo es möglich ist. Dort lernst Du in der Küche, im Aufenthaltsraum und sogar in Deinem eigenen Zimmer sofort neue Menschen kennen. Und nicht selten findet sich gleich jemand für die ersten Unternehmungen zusammen. Wenn Du Dich mit jemandem über die vielen neuen Eindrücke unterhalten kannst, fällt Dir die Anpassung schon viel leichter. Sollte sich in Deiner Unterkunft niemand finden, versuche es mal mit einem Couchsurfing Meeting. Du kannst Couchsurfing auch ganz unabhängig von Übernachtungen nutzen! In fast jeder Stadt gibt es regelmäßige Treffen, zu denen sich Reisende und Einheimische verabreden, um Unternehmungen oder einfach ein nettes Zusammenkommen zu planen.

UNTERSCHÄTZE DEN JETLAG NICHT!

Schon bei wenigen Stunden Zeitverschiebung kann Dein Körper ganz schön durcheinander kommen. Und wenn Du übermüdet bist, sieht alles gleich viel grauer aus, als es wirklich ist. Deshalb kalkuliere mit ein, dass Du die ersten Tage vielleicht nicht so fit sein wirst, wie Du es gerne wärst und schalte einen Gang runter. Wenn sich dann doch herausstellt, dass Du das gut wegsteckst, umso besser!

INFORMIERE DICH GUT!

Nichts ist so frustrierend, wie wenn Deine Reisekasse gleich in der ersten Woche dramatisch schrumpft. Das passiert nämlich gern in einer Umgebung, in der Du die gängigen Preise nicht kennst, üblicherweise gehandelt wird oder sogar Abzocken normal sind. Lies vor Deiner Reise gründlich nach, welcher Wechselkurs herrscht und auf welche Abzocken Du nicht hereinfallen solltest! Bist Du dann in Deiner Unterkunft angekommen, frag Mitarbeiter, Besitzer und andere Reisende nach den gängigsten Preisen für Transporte, Supermärkte und alles, was Du so brauchst.

SEI NICHT ZU STRENG MIT DIR!

Wenn alles nicht ganz nach Plan verläuft, was soll's?! Geh nicht zu hart mit Dir um! Dann verbringst Du eben den ersten und vielleicht auch den zweiten Tag nur in Deiner Unterkunft. Mach Dir deswegen nicht so ein schlechtes Gewissen. Du wirst sehen, nach kurzer Zeit gewöhnst Du Dich an Deine Umgebung, lernst Dich anzupassen und wirst noch genügend neue Eindrücke sammeln. Versprochen!

GIB. DIR. ZEIT.

Das gilt als Fazit, das alle genannten Punkte einschließt. Die Zeit heilt alle Wunden. Und alle Anpassungsschwierigkeiten! Ein paar Tage Verlust sind nichts gegen die unglaubliche Zeit die Du während Deiner Reise haben wirst! Also schraub einen Gang runter! Die Seele reist bekanntlich zu Fuß.

KAPITEL 6

ALLES RUND UM HYGIENE UND GESUNDHEIT

„Das sicherste Mittel gegen Seekrankheit:
sich unter einen Apfelbaum legen.“
Horacio Viscount of Nelson

DIE VORBEREITUNG AUF DEINE REISE & DIE PROPHYLAXEN

Ich weiß nicht, wie es Dir geht, aber ich bin vor einer neuen Reise meist so sehr mit dem Packen, Organisieren und dem Abhaken von To-Do-Listen beschäftigt, dass oft (zu) wenig Zeit dafür bleibt, gründlich zu recherchieren, was ich eigentlich alles an Prophylaxe und Vorbereitungen treffen sollte, um in meinem Reiseland auch fit und gesund zu bleiben.

Meist ende ich dann kurz vor Abflug in einem kleinen Verzweiflungstief, weil ich für Impfungen, die vielleicht nötig gewesen wären zu spät dran bin, ich nochmal zum Arzt, in die Apotheke oder in die Geschäfte rennen muss, um die Reiseapotheke doch noch in einen halbwegs akzeptablen Zustand zu bringen und sowieso irgendwie total unvorbereitet bin, was die Gesundheitsempfehlungen angeht, die mein Reiseziel betreffen.

ERKENNST DU DICH DA WIEDER?

Keine Sorge! Wenn Du diesen Abschnitt nun gründlich liest und alle Informationen rausziehst, die für Dich wichtig sind, werden die Vorbereitungen für Deine nächste Reise (zumindest in diesem Punkt) deutlich entspannter verlaufen! Ich habe für Dich noch einmal sämtliche Ratgeber gewälzt, die Seiten des Auswärtigen Amts und der Tropeninstitute auswendig gelernt, für Dich die wichtigsten Grundlagen und Informationen zusammengesucht und dieses Buch um viele weitere Informationen ergänzt, die wir im ersten Buch nur grob durchgesprochen habe. Zusätzlich habe ich auch immer wieder persönliche Erfahrungen und mein Wissen als Krankenschwester eingebunden, damit Du Fehler vermeiden und aus meinen lernen kannst! Klingt gut? Ok, dann genug geschwafelt: Ran an die Infos!

Die folgende Liste kannst Du als Einstiegscheckliste mit allen wichtigen Punkten ansehen, die Du vor einer Reise bedenken und berücksichtigen solltest. Auf viele davon werden wir nochmal gesondert und intensiv eingehen, um den Überblick hier knapp und kompakt zu halten!

Punkte, die Du etwa sechs Monate vor Deiner nächsten Reise (oder spätestens jetzt!) angehen solltest:

HAST DU EINE AUSLANDSKRANKENVERSICHERUNG?

Egal, in welches Land Du reist: Diese Frage solltest Du zumindest kurz beleuchtet haben! Falls Du in Europa unterwegs sein wirst, besteht eine gute Chance, dass Deine deutsche Krankenversicherung greift. Ein kurzer Anruf genügt, um ganz sicher zu gehen! Vor allem solltest Du klären, ob auch die Kostenübernahme eines Rücktransportes abgesichert ist. Solltest Du also verletzt in einem Krankenhaus in Wer-weiß-wo sein und Deine Behandlung doch länger als ein paar Tage dauern, kannst Du, so ohne dass Dir Kosten entstehen, nach Hause gebracht werden. Ein wichtiger Punkt, oder?

BESPRICH DEINE REISEROUTE MIT DEINEM HAUSARZT ODER – NOCH BESSER – MIT EINEM TROPENMEDIZINER!

Natürlich kannst Du Dir die Mühe machen, alles im Internet zu recherchieren, aber das kostet viel Zeit und gerade Tropeninstitute sind genau auf diese Beratungen ausgerichtet und können Dir auch bei mehreren Reisen direkt Empfehlungen für Vorsichtsmaßnahmen, Impfungen und Risikogebiete nennen, die auch Deinem Reisestil entsprechen. Jemand, der backpackend durch den Dschungel zieht, ist anderen Risiken ausgesetzt als der 5-Sterne-Hotelbesucher.

Logisch, oder? Auch bei kurzen Reisen ist die Wahrscheinlichkeit nicht unbedingt geringer, sich Infektionskrankheiten einzufangen, also rechtfertigt auch schon ein zwei bis drei wöchiger Urlaub die Abklärung! Vor allem, weil sich Symptome (zum Beispiel von Malaria) oft auch erst eine ganze Weile nach Deinem Urlaub zeigen können.

Aus persönlicher Erfahrung würde ich Dir deshalb diesen Besuch sehr ans Herz legen! Damit Du Dir aber nun die Suche nach dem passenden Arzt in Deiner Nähe sparen kannst, habe ich eine sehr praktische Seite der Deutschen Gesellschaft für Tropenmedizin gefunden, auf der Du lediglich Deine Heimatadresse eingibst und sie Dir sofort den nächsten Tropenmediziner Deiner Stadt ausspuckt! Den Link dazu findest Du in den Ressourcen-Seiten dieses Buches.

LASS DEINE IMPFUNGEN CHECKEN, AUFFRISCHEN UND ERWEITERN!

Sobald Du den Termin beim Tropenarzt in der Tasche hast, leg Dir Deinen Impfausweis bereit! Dort wird dann nämlich auch kontrolliert, ob Deine aktuellen Impfungen alle noch ausreichend sind. Ich habe in Australien mit Entsetzen festgestellt, dass meine Tetanus-Impfung nach zehn Jahren wieder fällig war und musste sie selbst zahlend erneuern lassen, was mich hier in Deutschland nichts gekostet hätte! Standardimpfungen, die in Deutschland unter die Impfempfehlungen fallen, werden von der Krankenkasse gezahlt. Auslandskrankenkassen zahlen diese in den meisten Fällen nicht, da sie als Prophylaxen angesehen und daher nicht übernommen werden!

Interessant ist auch, dass manche klassischen Reiseimpfungen trotzdem von unseren Krankenkassen gezahlt werden! Daher auf jeden Fall nach den Impfungen die Rechnung aufheben und prüfen, ob Deine Krankenkasse die Kosten übernimmt. Stell einen Antrag auf Kostenerstattung – das kann Dir bis zu 100€ sparen! Den Link zur Übersicht, welche Krankenkasse welche Kosten übernimmt, findest Du ebenfalls in den Ressourcen-Seiten.

IST MALARIA IN DEINEM REISEZIEL EIN THEMA?

Dann lass Dich auch über Malaria-Prophylaxe aufklären! Es gibt ein paar Möglichkeiten, sich vor Malaria zu schützen und jede hat Vor- und Nachteile. Du kannst versuchen,

Dich vor den gefährlichen Mückenstichen zu schützen, Insektenschutzmittel, Moskitonetz und Medikamente einpacken, von Stand-by Produkten bis zu Dauer-Antibiotika.

HAST DU EINEN BLUTGRUPPENPASS?

Dann pack ihn ein! In vielen medizinisch noch nicht sehr entwickelten Ländern kann es von Nutzen sein, seine Blutgruppe zu kennen, und manchmal ist dort gegenseitige Blutspende lebensrettend! Extra einen solchen Pass für Deine Reise zu besorgen lohnt sich höchstens dann, wenn Du eine Blutgruppe hast, die nur wenige Blutprodukte zulässt (wie 0 neg). Seine eigene Blutgruppe kann man meist beim Hausarzt erfragen und diese Information einfach irgendwo aufschreiben.

ERSTELL DIR EINE GUT AUSGESTATTETE REISEAPOTHEKE!

Du musst nicht für alle Eventualitäten ausgestattet sein, aber bei Fieber und vor allem Durchfall durch ungewohntes Essen musst Du etwas dabei haben, das Dich notfalls über den Tag oder zumindest zum nächsten Arzt bringt. Ich habe mit einer heftigen Grippe in einer thailändischen Hütte gelegen, 20 Gehminuten von jeglicher Zivilisation (sprich Arzt oder Apotheker) entfernt. Ohne meine Reiseapotheke wäre es mir da wirklich übel ergangen. Vor allem also, wenn Du alleine unterwegs bist und vielleicht nicht immer jemanden hast, den Du zur nächsten Drogerie oder Apotheke schicken kannst, ist eine Notfallausrüstung für ein paar Tage Gold wert!

Empfehlungen zur Reiseapotheke findest Du in der Ressourcenliste des Buches. Auch wenn ich sie zu ausführlich als Packliste finde: Die empfohlene Reiseapotheke des Auswärtigen Amtes ist zumindest als Sicherheitsdatei oder Ausdruck in der Tasche mit den internationalen Benennungen vieler Medikamente wertvoll! Den Link dazu findest Du in den Ressourcen-Seiten.

INFORMIERE DICH ÜBER DIE SICHERHEITSHINWEISE DEINES REISEZIELS!

Ich bin niemand, der sich verrückt machen lässt, aber trotzdem finde ich es sinnvoll, wenn Du Dich kurz über die Gefahrenquellen Deines Reiselandes informierst, um eventuell Deine Reiseroute danach auszulegen. Ob es nun um den Grenzgang Malaysia-Thailand oder den Nordwesten Kambodschas geht: Es ist nie verkehrt, sich von Krisengebieten einfach fernzuhalten.

Das Auswärtige Amt ist dafür die beste und sicherste Adresse und bietet über eine einfache Auswahl eine Übersicht aller Länder mit sämtlichen aktuellen Informationen! (Link s. Ressourcen)

AN ALLES GEDACHT?

Dann hast Du nun zumindest die wichtigsten Punkte geprüft und bist schon ziemlich gut ausgestattet und vorbereitet! Fühlt sich doch deutlich besser an als der Last-Minute-Panik-Check, oder?

DIE LEIDIGE LEBENSMITTELVERGIFTUNG...

Wer von uns hat nicht schon mal einen Tag über der Kloschüssel verbracht, weil ihm oder ihr das Essen nicht bekommen ist?! Ja, genau. Ich schätze mal jeder und jede von uns. Und in unbekannten Kulturen und Ländern ist die Wahrscheinlichkeit gleich nochmal so hoch. Es müssen gar nicht mal Bakterien sein, die Dir den Tag verderben – manchmal reicht es schon, dass Du Gewürze oder Nahrungsmittel nicht gewöhnt bist und schon rebelliert Dein Magen.

Ganz vermeiden kannst Du das vielleicht nie, besonders wenn Du sowieso einen sensiblen Magen hast, aber zumindest kannst Du Dich mit ein paar Vorsichtsmaßnahmen und kleinen Ritualen vor so einigem schützen.

GANZ EINFACHE MASSNAHMEN ZUM SCHUTZ VOR MAGEN-DARM-PROBLEMEN

Was Du und ich schon als Kinder gelernt haben, zählt in anderen Ländern, vor allem in denen, wo Street Food und Garküchen üblich sind, dreimal mehr:

Händewaschen vor dem Essen!
Ich sehe immer wieder so viele Reisende, die eifrig mit ihrem Desinfektionsmittel hantieren, sobald sie auf einer fremden Toilette waren, aber die wenigsten nutzen es da, wo es tatsächlich wichtig wäre: beim Essen!

Generell bin ich sowieso kein Freund von Desinfektionsmittel und habe nie welches dabei. Experimente in meiner Ausbildung zur Krankenschwester haben mir gezeigt, wie effektiv Händewaschen alleine schon ist, und so muss ich auch nicht panisch werden, wenn mein Fläschchen dann mal mitten im Nirgendwo leer ist. Du musst wissen, womit Du Dich wohl und sicher fühlst, also ist beides völlig richtig! Vergiss nie: Es ist trotzdem sinnvoll, sich vor dem Desinfizieren die Hände zu waschen, um den Schmutz loszuwerden, der ebenso schädlich sein kann.

Kein Leitungswasser benutzen!
Das Leitungswasser hat selten Trinkwasserqualität und in manchen Ländern reicht das schon, um Dich aus den Latschen zu hauen. Wenn schon überall gewarnt wird, das Wasser nicht zu trinken, denk auch an solche Kleinigkeiten wie Zähneputzen mit Leitungswasser und an Eiswürfel. Auf beides solltest Du einfach verzichten.

Street Food vor Restaurants!
Das mag Dir im ersten Moment absurd erscheinen, aber tatsächlich ist ein Restaurant in nicht-westlichen Ländern eine größere Bakterienquelle als der Garküchenstand am Straßenrand, aus folgenden Gründen:

- In der Restaurantküche wird oft die Hygiene nicht kontrolliert. Bevor Du Dir also nicht selbst die Küche angeschaut hast, würde ich darauf verzichten, dort zu essen, wenn direkt daneben ein Straßenstand steht. Der ist in 90% der Fälle auch leckerer und günstiger!

- Im Restaurant wird vieles vorgekocht, aber oft nicht ideal gelagert. Der Kühlschrank kühlt vielleicht nicht so gut und anderes, was eigentlich hinein gehört, landet möglicherweise erst gar nicht darin.

- In der Garküche hingegen wird oft frisch vor Deinen Augen gekocht. Du hast also einen viel besseren Überblick darüber, was Dir vorgesetzt wird. Es entstehen keine Lagerungszeiten und eine Kühlkette, die gebrochen werden könnte, gibt es folglich gar nicht.

Fleisch & Fisch: gekocht vor roh

Ist eigentlich logisch, oder? Als Vegetarierin hat man es da oft insgesamt einfacher, aber wenn Du auf Fleisch stehst, achte darauf, dass es wirklich gut durchgebraten ist. Auch wenn Du es vielleicht sonst anders bevorzugst, es ist die sicherere Variante. Bakterien haben dann die schlechteren Karten.

Gemüse lieber gekocht oder gebraten, nicht roh

Wenn Du sehr empfindlich bist, würde ich auch auf Blattsalate verzichten, denn die werden oft mit Leitungswasser gewaschen und das... naja... hatten wir ja schon. Obst solltest Du möglichst schälen können oder sonst lieber darauf verzichten. Es sei denn, es ist weiterverarbeitet, also gebacken, gebraten oder gekocht. Kein Problem!

Fazit

Wenn das jetzt übertrieben oder nach absoluter Panikmache für Dich klingt, dann merk Dir eines: Nicht all das muss auf Dich zutreffen! Ich habe in manchem Ländern gar keine Probleme gehabt und in anderen kaum etwas vertragen. Je nachdem, wie stark ich geplagt bin, halte ich strengere Regeln ein oder lockere sie. Du wirst selbst wissen, wie empfindlich oder abgehärtet Du bist. Wenn Du irgendwo schlechte Erfahrungen machst, schränke Dich eben eine Zeitlang etwas mehr ein und taste Dich langsam vor. Das alles sind nur Dinge, die Du bedenken kannst, nicht musst!

WENN DER DURCHFALL TROTZDEM ZUSCHLÄGT...

Ganz allgemein ist das nicht weiter schlimm, sofern kein Fieber, Kreislaufstörungen, Blutbeimengungen oder starkes Erbrechen hinzukommt. Dann jedoch solltest Du einen Arzt aufsuchen!

Wie kommst Du schnell wieder auf die Beine?

- Viel, viel und noch mehr trinken (mindestens ein großes Glas Wasser oder Tee pro Stunde)!
- Deinem Trinkwasser 2-3x/Tag Elektrolytpulver in beimischen (z.B. EloTrans®, gehört in jede Reiseapotheke)!
- Schonkost einhalten (keine fetten, stark gewürzten und schwerverdauliche Speisen, keine Fruchtsäure).
- Cola ohne Kohlensäure trinken (klingt eklig, hilft aber!) und Salzstangen knabbern.
- Kohletabletten oder Perenterol® einnehmen. Kohletabletten binden die schädlichen Substanzen im Darm, Perenterol® hilft, die Darmflora wieder aufzubauen. Nicht jedem hilft es, schaden kann es in keinem Fall.

Was Du nur in absoluten Ausnahmen und dann auch nur selten nutzen solltest, sind Durchfallblocker (Loperamid-Wirkstoffe wie Immodium Akut®)! Sie beheben das Problem nicht wirklich, sondern stoppen nur den Durchfall. Allerdings bleiben damit auch alle schädlichen Stoffe in Deinem Körper. Deshalb solltest Du darauf nur zurückgreifen, wenn es nicht anders geht, wie zum Beispiel bei langen Busfahrten oder ähnlichem.

Das Wichtigste ist, gut auf Deinen Körper zu hören und wenn Du unsicher bist und alles nichts hilft, lieber einen Arzt aufzusuchen!

BRAUCHST DU EIN ERSTE-HILFE-KIT?

Vor jeder Reise ist meine Prioritätenliste klar: Klamotten, Technik, Medikamente.

Was ich bisher noch nie dabei hatte, ist ein Erste-Hilfe-Set. Ist das schlau? Vielleicht nicht. Aber Fakt ist: Mir sind die meist zu unsinnig bestückt. Und ich bin Krankenschwester! Du glaubst nun wahrscheinlich, dass ich mir schon zu helfen weiß, wenn mir etwas passiert. Richtig. Stimmt soweit. Aber genau das ist auch der Punkt, warum ich denke, dass auch Du kein Erste-Hilfe-Set brauchst, sondern lieber einzelne, bewusst ausgewählte Accessoires und im Hinterkopf das Wissen, das Du für kleinere Notfälle brauchst.

Mit kleineren Notfällen meine ich folgende...

NACH EINER WANDERUNG IM BUSCH HAST DU DIR AM GESTRÜPP BLUTIGE KRATZER ZUGEZOGEN.

Danach solltest Du in eine Drogerie oder Apotheke gehen und Dir desinfizierende Wundsalbe besorgen (wie zum Beispiel Bepanthen® Salbe). Du kannst sie vorab natürlich auch schon in Deiner Reiseapotheke mitschleppen.

Allerdings hast Du sie nach meiner Erfahrung beim Wandern sowieso nicht dabei, und abgesehen von wirklich abgelegenen Ecken ist es zur nächsten Apotheke dann genauso weit wie zur Unterkunft und der Reiseapotheke. Also wieder etwas Gepäck gespart.

Wir reden von Kratzern. Nicht von Wunden. Ist klar, oder?

DU HAST DIR EINEN SPLITTER ODER EINE ZECKE EINGEFANGEN.

Schere und Pinzette gehören in jeden Kulturbeutel oder in die Reiseapotheke! Zum Desinfizieren kannst Du sie über ein Feuerzeug halten (abkühlen lassen nicht vergessen und dabei nicht berühren!). Eine Zeckenzange gibt es in Gebieten, in denen es auch Zecken gibt, ebenfalls in jeder Apotheke. Benutz keine normale Pinzette dafür! Du könntest der Zecke den Kopf abtrennen und das würde dann sehr unschön enden...

EIN MÜCKENSTICH HAT SICH INFIZIERT.

Woran erkennst Du das? Er ist rot, tut weh (mehr als normal) und ist sehr druckempfindlich. Das passiert gern in tropischen Regionen, wenn man zu viel kratzt.

Sofern nicht auch großflächig Schmerzen auftreten, Du Fieber bekommst oder der Mückenstich eitert, kannst Du dafür Zinksalbe aus der Apotheke benutzen oder noch besser: Antibiotikum-Puder. Das gilt aber nur für einen, maximal zwei Tage! Wenn er bis dahin nicht deutlich besser aussieht und die Schwellung zurückgeht, solltest Du zu einem Arzt!

Das sind die einzigen Fälle, die mir einfallen würden, in denen ich Dir zur Eigenmedizin raten würde statt Dich zu einem Arzt zu schicken. Und ganz ehrlich – bei diesen Dingen würde Dir auch kein Erste-Hilfe-Set helfen. Bei allen anderen Verletzungen, bei denen Du Verbände brauchen würdest, gehörst Du zu einem Arzt!

KRANK SEIN AUF REISEN – DIE TRICKKISTE

Eine der schlimmsten Vorstellungen vor einer Reise ist die, auf Reisen krank zu werden. Es ist nicht nur die Sorge, in ein fremdes Krankenhaus oder auch nur zu einem fremden Arzt zu müssen (vor allem, wenn in manchen Ländern die Krankenversorgung bei weitem nicht unserem europäischen Standard entspricht), sondern vor allem die Angst, dabei ganz alleine zu sein.

Das Beste, was Du also für Dich tun kannst, sind eine gute Vorsorge, rechtzeitig auf Symptome zu hören, und Gegenmaßnahmen zu ergreifen, sobald Du Anzeichen einer Krankheit verspürst, um es nicht ausufern zu lassen. Für die gängigsten Wehwehchen gibt es einige kleine Kniffe. Zum einen, um sich nicht mehr so schlecht zu fühlen, und zum anderen, um sie schnellst möglich wieder loszuwerden. Vieles sind einfache Hausmittelchen, die in der modernen Medizin gerne untergehen aber auf Reisen sehr, sehr nützlich werden können, wenn Du deswegen den Arztbesuch vermeiden kannst.

Natürlich sollte klar sein, dass Du bei Verschlechterungen, ernsten Symptomen wie starken Kreislaufproblemen, hohem Fieber und allem, was länger als drei Tage besteht, ohne Besserung einen Arzt aufsuchen solltest! Das gilt, egal wo Du bist, und egal, wie sehr es Deine Reisekasse im ersten Moment belastet. Schließlich hast Du dafür Deine Auslandskrankenversicherung, die Dir diese Kosten zurückerstattet.

REISEÜBELKEIT

Reiseübelkeit ist etwas Fieses und auch ich werde immer noch davon geplagt. Letztendlich gibt es keine Patentlösung, denn jedem hilft etwas anderes. Du kannst Dir entweder in jeder Apotheke Tabletten mit dem Wirkstoff Dimenhydrinat besorgen, um Dir darüber hinwegzuhelfen, aber ich persönlich verzichte darauf gerne. Sie lassen zwar im Idealfall die Übelkeit verschwinden (wobei sie auch nicht jedem und immer helfen), machen aber dabei auch sehr, sehr müde. Für eine Stunde Fahrt mit einer Fähre oder einen Kurzstreckenflug danach noch stundenlang total müde zu sein, lohnt sich in meinen Augen nicht.

Alternativ schwören viele auf getrockneten Ingwer. Wenn Du also den Geschmack magst, lohnt es sich, diesen natürlichen Trick einmal auszuprobieren.

Mir persönlich hilft es, salzige Cracker oder Chips zu naschen. Generell soll es wohl helfen, den Magen von Anfang an leicht beschäftigt zu halten, aber bei mir funktioniert es hauptsächlich mit etwas Salzigem. So habe ich schon eine achtstündige Berg- und Talfahrt durch laotische Serpentinen überstanden. Wenn auch leider sehr kalorienreich.

MAGENSCHMERZEN

Wenn Du Magenschmerzen ohne große andere Symptome hast, hilft es oft schon, auf leichte Kost umzusteigen (keine Gewürze, kein Fett, kein Koffein, kein Alkohol) und viel Pfefferminz- oder Kamillentee zu trinken. Wenn Du eine Trinkflasche dabei hast, füll sie mit heißem (nicht kochendem) Wasser und leg sie Dir auf den Bauch. Dafür sind natürlich die immer beliebter werdenden Trinkbeutel (z.B. von Vapur®) noch perfekter.

KOPFSCHMERZEN

Hier solltest Du als allerserstes an Dehydration denken und viel Wasser trinken. Oft bekommen wir Kopfschmerzen, weil wir zu lange in der Hitze waren oder zu wenig getrunken haben. Wenn Du schon zurück in Deiner Unterkunft bist, leg Dich mit einem kalten Lappen auf dem Kopf und im Nacken ins Dunkle. Wenn das nicht hilft oder Du noch unterwegs bist, sollten Paracetamol oder Ibuprofen auch nicht schwer aufzutreiben sein. Allerdings sollte sich ein Vorrat davon sowieso in Deiner Reiseapotheke befinden.

HALSSCHMERZEN

Je nachdem, was sich besser anfühlt, trinke Tee mit Honig oder Wasser mit Eiswürfeln. Frischer Ingwer hilft auch oft, weil er antibakterielle Wirkung hat. Genauso übrigens wie Zwiebelsaft. Der mag nicht so angenehm schmecken, hilft mir aber oft, wenn ich vermeiden möchte, Antibiotikum nehmen zu müssen. Einfach Zwiebeln kleinhacken und mit viel Zucker bestreut in einer Box in den Kühlschrank stellen. Von dem Saft, der sich darauf bildet, solltest Du stündlich einen Teelöffel trinken. Es riecht zwar nicht besonders gut, hat aber eine ähnliche Wirkung wie Antibiotikum.

BLASENENTZÜNDUNG

Damit solltest Du nicht spaßen, denn die können wirklich fies und gefährlich werden. Selbst behandeln solltest Du also nur sehr schwache Formen mit ganz leichten Sympto-

Andernfalls geh in die Apotheke oder zum nächsten und lass Dir Antibiotikum verschreiben.

Versuch, so viel wie möglich zu trinken, um die Blase durchzuspülen, so unangenehm der Gang zur Toilette auch ist. Besonders Cranberry-Saft vernichtet die Bakterien in der Blase, während alle Getränke mit Zucker sie eher noch füttern – also solltest Du auf Sodas und gesüßten Tee verzichten.

VERSTOPFUNG

Meist geht es auf Reisen eher um die umgekehrte Problematik, aber wenn Du unterwegs an Verstopfung leidest, solltest Du viel, viel trinken. Getrocknete Früchte oder dem Essen beigemischter Leinsamen bringen Erleichterung. Da hat aber auch jede ihre eigenen Tricks.

DURCHFALL

Solltest Du keine anderen Symptome (z.B. Fieber oder Erbrechen) haben, helfen Bananen oder geriebener Apfel, um das wieder zu normalisieren.

WUNDERMITTELCHEN

Achtung, Geheimtipp: Du magst mich für verrückt halten, aber ich habe auf meiner Reise in Australien ganz schnell das PawPaw Ointment in seiner roten Tube für mich entdeckt und lieben gelernt. Seitdem schleppe ich es überall mit hin, habe es schon online nachbestellt und sogar auf Bali und in Malaysia aufgetrieben. Es ist eine Salbe aus natürlichem Papaya-Extrakt und hilft mir bei so gut wie allen Wehwehchen: Kratzer, Mückenstichen, Blasen, spröden Lippen und einer wunden Nase. Zuletzt habe ich es sogar als Körpercreme benutzt, als ich mir einen bösen Sonnenbrand eingefangen hatte. Bisher hat es mir bei allem nur gut getan und meist schnell alles gelindert, was mich geplagt hat. Ich schwöre darauf.

Ein wenig bekannter und weltweit leichter zu bekommen (besonders in jeder Stadt, die eine Chinatown vorweisen kann) ist das Tigerbalsam. Es gibt zwei Arten: weißes und rotes Tigerbalsam, allerdings sieht der Inhalt genau gleich aus. Das weiße hat eher einen kühlenden Effekt, das rote einen wärmenden. Du kannst es für alle möglichen Situationen verwenden: Das weiße hilft auf die Schläfen aufgetragen bei Kopfschmerzen, bei Mückenstichen und anderen Wehwehchen, das rote zum Beispiel bei Muskelverspannungen oder Rückenschmerzen. Beide gelten ebenso als Universalheilmittel für fast alles.

Teebaumöl verwenden viele, um Pickel auszutrocknen oder auch einen Fußpilz, den man sich ab und an in den Hostelduschen einfängt (FlipFlops nicht vergessen!).

Viele schwören auf Kokosöl als Universalprodukt, wie Haargel, Deo und Hautpflege. Du kannst es auch als juckreizstillendes Mittel bei Ekzemen oder Mückenstichen nutzen. Ganz abgesehen vom Kochen natürlich.

DIE LEIDIGEN TAGE...

Nun lass uns mal von dem wahrscheinlich unangenehmsten Thema auf Reisen einer Frau sprechen: Der Hygiene während dieser bestimmten Zeit im Monat!

Nicht, dass das nicht sowieso schon ein totgeschwiegenes Thema wäre, aber noch schlimmer wird es, wenn man nach Tipps, Tricks oder Empfehlungen sucht, wie man auf Reisen mit seiner Periode wortwörtlich ins Reine kommt.

Ich weiß nicht, wie es Dir geht, aber ich bin auf Reisen schon an meine Grenzen gestoßen, was die Hygiene während meiner Tage angeht. Denn die nächste 12-Stunden-Busfahrt kommt bestimmt und hat sich wahrscheinlich ganz gemein zuvor mit meinem Zyklus gegen mich verschworen. Aber nicht nur das. Asiatische Toiletten helfen dabei zusätzlich nicht unbedingt weiter. Die bestehen dann manchmal lediglich aus einem Loch im Boden und Toilettenpapier ist für sie ein Fremdwort.

Wenn dann der Reisestress noch dazu beiträgt, dass der Zyklus gar nicht mehr weiß, wo ihm der Kopf steht, geschweige denn, dass er weiß, was sein Name eigentlich bedeuten soll, nämlich Regelmäßigkeit, ist das Drama perfekt. Dann sitzt Du schon mal mitten im Nirgendwo und überlegst panisch, ob Du in der letzten großen Kleinstadt auch ja den Vorrat an Tampons aufgestockt hast. Denn mal ehrlich, möchtest Du in einem fremden Land, in einer fremden Kultur, fremde Menschen nach Tampons fragen müssen?

Wie kannst Du Dich also vor einer Reise, in einem Land mit anderen Hygienebedingungen oder vor einem Trip ins Outback am besten ausrüsten?

SCHAFF DIR EINEN ENDLOSEN VORRAT AN TAMPONS AN!

Das war der Rat, den ich mir selbst vor meiner ersten großen und langen Reise gegeben habe. Ausgestattet mit einem gut gefüllten Backpack mit Tampons für gefühlt die nächsten 3 Monate, zog ich damit ins unbekannte Australien. Denn in meiner naiven Art war ich nicht sicher, was mich dort Tampon-bezüglich erwarten würde. Wenige Monate später war sogar mir klar, dass das einzige Problem in einem fremden, aber sehr entwickelten Land sein würde, nicht mein bevorzugte Tampon-Marke zu finden und mich eventuell mit dem Bonuspaket eines Applikators auseinandersetzen zu müssen.

Ich gehe jetzt einfach mal davon aus, dass Du Dich schon von Anfang an gegen Binden entschieden hast, so wie ich. Deshalb lasse ich diese Möglichkeit gleich außen vor, da sie auf Reisen nochmal unverhältnismäßig umständlicher wäre. Es schien mir also vorerst eine sehr gute Lösung zu sein, immer mindestens eine Großpackung Tampons im Gepäck zu haben. Doch dann kam Asien. Und spätestens in Laos bekam ich ein Problem.

Was passiert, wenn Du auf eine 8-stündige Busreise angewiesen bist, die Toilettenstops dazwischen Dich hygienetechnisch an Deine Grenzen bringen und Du eigentlich nicht einmal den Griff der Wellblechtüre anfassen möchtest, die zum Loch im Boden dahinter führt?!

Zum normalen Händewaschen reicht da gerade noch die Wasserflasche aus, die Du dabei hast (und immer dabei haben solltest), aber für viel mehr, fehlen einfach die Möglichkeiten. Da bliebe Dir, dank einiger Tamponhersteller, nun noch die XXL-Variante, aber jede vernünftige Frau, die schon mal von TSS (Toxisches Schocksyndrom) gehört hat, weiß, dass das nicht die Lösung sein kann. Fernab im Hinterland und wenn absehbar war, dass meine Regel und eben genannte Busfahrt sich treffen würden, habe ich mich dann durch Schummelei vor der Frage gedrückt, wie ich denn in Plumpsklos und ohne Toilettenpapier meine benutzten Tampons umweltfreundlich (oder überhaupt) wieder los werde:

SCHAFF DIR EINEN ENDLOSEN VORRAT DEINER PILLE AN!

So kannst Du im Notfall Deine Regel einfach abwenden, indem Du Deine Pille zwei Zyklen lang ohne Pause durchnimmst. Ich weiß, das Thema ist ungefähr so umstritten wie das Thema Frauenhygiene totgeschwiegen wird, aber ich habe in meinem beruflichen Umgang so einige Frauenärzte dazu befragt und nie hat mir jemand davon abgeraten.

Natürlich gibt es Einzelfälle, in denen medizinisch gesehen davon abgeraten wird, aber ich spreche hier nur von der Allgemeinheit. Bei Unsicherheiten, frag den Gynäkologen oder die Gynäkologin Deines Vertrauens! Trotzdem solltest Du in diesem Fall auch kurz die Packungsbeilage deiner Pille durchlesen, denn manche haben leichte Nebenwirkungen, wenn Du eine Zykluspause auslässt. Nichts Dramatisches, aber damit Du nicht plötzlich anfängst, Dir unterwegs Sorgen zu machen, solltest Du Dich einfach darauf vorbereiten. (Auch hier ist der Gynäkologe oder die Gynäkologin deines Vertrauens der Ansprechpartner der Wahl.)

Zu der Frage, wie Du einen größeren Vorrat der Pille bekommst, kann ich nur sagen, dass auch in diesem Punkt die meisten Frauenärzte sehr umgänglich sind und bei Auslandsabsichten durchaus auch mal einen Jahresvorrat verschreiben. Ebenso kann man bei Onlineapotheken auch mit einem einmaligen Rezept einen Jahresvorrat der Pille bestellen. Andernfalls oder im Fall einer Reise über einem Jahr, solltest Du Dich vorher gut informieren ob es Deine Pille im Land deiner Reise gibt oder welches Generikum (Ersatzpräparat) es vielleicht gibt. Falls Du Dich von vornherein gegen diese beiden Möglichkeiten entscheiden solltest, gäbe es da noch eine dritte Möglichkeit:

MOON CUP, DIVA CUP & LUNETTE

Ich bin ganz ehrlich mit Dir, ich habe sie selbst noch nicht ausprobiert! Aber ich habe mittlerweile so viel Gutes darüber gelesen und gehört, dass ich diese Möglichkeit auf keinen Fall unter den Tisch fallen lassen wollte.

Was ich Dir sicher dazu berichten kann, sind die Fakten: Der Menstruationsbecher (ein furchtbares Wort, da bevorzuge ich doch die englischen Varianten) besteht aus einer kleinen Silikonschale, geformt eben wie ein kleiner ovaler Becher. Er funktioniert im Prinzip wie ein Tampon. Das war gar nicht so leicht herauszufinden, nachdem im Internet alle immer schön um den heißen Brei herumreden.

Er wird gefaltet eingeführt und setzt sich wie ein Tampon in den Scheideneingang, um dort sämtliches Blut aufzufangen. Angeblich saugt er sich dabei so fest, dass ein Vorbeilaufen bei richtiger Anpassung nicht möglich ist (Übung macht die Meisterin). Die Vorteile dabei springen Dich förmlich an:

Zum Einen ist diese Art der Regelhygiene unschlagbar in Sachen Umweltfreundlichkeit. Der Becher ist wiederverwendbar (während der Regel einfach mit einer milden Seife auswaschen, zwischen den Monaten auskochen und/oder desinfiziert aufbewahren). Er produziert somit keinen Müll, den man auf längeren Trekking-Touren oder langen Busfahrten verzweifelt im Wald verbuddeln oder in Plastiktüten verknotet bis zum nächsten Mülleimer mit sich herumtragen muss. Außerdem ist das Risiko eines TSS enorm reduziert, die Scheidenflora wir nicht ausgetrocknet, die Haltbarkeit mit bis zu 12 Stunden toppt jeden Tampon und ist daher eigentlich für jede Frau auf Reisen die eierlegende Wollmilchsau!

Für alle offen gebliebene Fragen (und wenn es Dir jetzt so geht wie mir bei der Recherche, sind das einige) hat die

Diva Cup Website auch auf Deutsch die wichtigsten zusammengefasst. Begeisterte Anhängerinnen habe ich im englischen Reisebloggerinnen-Umfeld ein paar gefunden, also vielleicht möchtest Du Dir Shannons Artikel auf A little Adrift oder Brookes begeisterte Rückmeldung auf ihrem Blog Her Packing List auch gleich durchlesen!

In einem Punkt sind sich alle einig: Nämlich, dass Du ein offenes und gesundes Verhältnis zu Deinem Körper brauchst, um Dich mit der Diva Cup, der Lunette oder der Mooncup anzufreunden!

Falls Du eines dieser Produkte einmal testen möchtest, empfiehlt sich das übrigens eher vor einer langen Reise, denn ähnlich wie mit Tampons braucht es auch hier erstmal wieder ein wenig Übung!

VERHÜTUNG & SCHWANGERSCHAFT AUF REISEN

Sex ist eigentlich nicht unbedingt ein Thema, das sich heutzutage noch lohnt zu diskutieren. Verhütung hingegen kann man nicht oft genug ansprechen. Und besonders Verhütungsmittel bei Langzeiteisen werden gern vergessen! Du fragst mich, was auf Reisen daran so besonders sein soll? Warum es erwähnenswerter ist als Zuhause auf sicherem Terrain, mit Männern (oder Frauen), die Du kennst und vielleicht sogar in einer festen Beziehung? Ganz einfach:

Aus irgendeinem Grund scheint man auf Reisen leicht mal sämtliche Hemmungen über Board zu schmeißen und einfach alle Erfahrungen mitzunehmen, die da eben kommen.

Wir schmeißen uns mit einem Fallschirm aus Flugzeugen, steigen in Käfige, um den weißen Hai zu besichtigen und vergessen alle Vernunft samt der Verhütung. Ist ja nichts Besonderes. Bei Fallschirmsprüngen ist doch schon ewig keiner mehr gestorben, der weiße Hai ist eh nur ein Mythos und einmal (ohne Kondom) ist keinmal.

DIE HÄUFIGSTE DEVISE AUF REISEN IST „MIR PASSIERT SCHON NICHTS".

Und in 99% der Fälle hast Du sogar Recht damit. Aber. (Jetzt kommt's.) Auch wenn ich mich selbst auf meinen Reisen dazu erzogen habe, meine Ängste zu überwinden und mehr Erfahrungen als Versäumnisse zu sammeln, möchte ich trotzdem dieses eine Mal den Moralapostel spielen. Verhütungsmittel bei Langzeitreisen sind in etwa so wichtig wie die Malariaprophylaxe bei Reisen in Afrika. Ob auf Vollmondpartys im Alkoholüberfluss, beim flüchtigen Flirt den Du vermutlich nie wieder sehen wirst oder dem süßesten Typen, dem Du jemals begegnet bist und bei dem Du doch sonst nie eine Chance hättest als hier auf Reisen, wo alles vergänglich ist.

Ja, vielleicht gehörst Du zu den 99%, bei denen es dieses eine Mal gut geht. Und vielleicht passiert Dir ja wirklich nie etwas. Aber möchtest Du wirklich darauf wetten? Wofür?

Nenn mir einen guten Grund, der wichtiger ist als deine gesundheitliche Sicherheit und ich erteile Dir sofort die Absolution, ohne Verhütungsmittel unterwegs zu sein. Als Moralapostel der Stunde darf ich das. Falls Dir nach 5 Minuten festem Nachdenken keiner eingefallen ist, lies weiter!

KONDOME, KONDOME, KONDOME.

Nachdem wir nun also das durchgekaut haben, lass mich Dir einen Rat geben: Egal ob Du die Jungfrau vom Lande, die Monogamistin seit schon immer oder ein Gegner von One-Night-Stands bist, hab immer immer immer ein Kondom dabei! Wenn Du gerade schon dabei bist, dürfen es auch gerne vier oder fünf sein. Und wenn auch nur mir zuliebe oder um mal einer Freundin auszuhelfen. Verhütungsmittel sind bei ungefähr 50% aller Reisenden, die ich kennengelernt habe, nämlich auf der Packliste hinten runter gefallen. Auch wenn ich immer wieder glaube, es ist so 1985 zu denken, Verhütung sei Sache der Männer, lerne ich immer wieder Frauen kennen, die anscheinend aus eben diesen 80ern noch nicht rausgekommen sind.

NEIN, VERHÜTUNG IST NICHT MÄNNERSACHE!

Es ist ja auch nicht Sache des Piloten, dich im Flugzeug anzuschnallen. Auch wenn Du Dir vielleicht Sorgen um Deinen Ruf machst, weil Du immer und überall Kondome dabei hast und befürchtest, den Stempel einer Schlampe abzubekommen, obwohl so ziemlich jeder Typ eins im Portemonnaie mit sich herum trägt (außer natürlich ausgerechnet der süßeste Typ den Du jemals getroffen hast), dann lass sie so gut verschwinden, dass sie niemand außer Dir und ihm sieht, bis Du sie brauchst. Ihn sollte das sowieso nicht stören, denn schließlich sollte es ihm die Sicherheit vermitteln, dass Du eben keine Schlampe bist und ihn mit was-weiß-ich-nicht-was ansteckst.

WAS HABEN WIR NUN GELERNT?
SEX AUF REISEN IST VÖLLIG OK.

Ob Kurzzeitbeziehung, One-Night-Stand oder Friends with benefits, dass alles sollst Du ausprobieren können, wenn Dir der Sinn danach steht. Vor allem, wenn Du in einer Umgebung bist, die dir Anonymität, ein neues Image oder den Wagemut verleiht, den Du früher nie hattest.

Wenn Du das willst. Unter einer Bedingung: Kondome sind unsere neuen besten Freunde auf Reisen! Und selbst wenn Du nie die Gelegenheit bekommst (oder bekommen möchtest), sie zu benutzen, so nehmen sie doch so gut wie keinen Platz im Rucksack weg und verfallen vermutlich erst, wenn Du schon Kinder bekommen hast und Dein Rucksack schon wieder ungenutzt in der Ecke liegt.

Kleiner Tipp am Rande: Trotzdem immer mal checken ob Deine Reise nicht doch schon ganz schön lang dauert und das Verfallsdatum vielleicht doch schon überschritten ist.

Nun noch das letzte Kleingedruckte auf der Moraltüte: Alleine Kondome schützen Dich leider nicht 100%ig vor allem. Deshalb lass Dich regelmässig auf STDs (sexuell übertragbare Krankheiten) testen, wenn Du wechselnde Partner hast, pass auf, dass Dein Herz nicht Deinen Verstand ausschaltet (was übrigens auch außerhalb von Reisen gilt) und tu nichts, was Du nicht willst!

UND... WIE LÄUFT DAS MIT MEINER WÄSCHE?

Ich habe mir vor meiner Reise darüber nie Gedanken gemacht, allerdings vermutlich mehr aus Naivität als aus anderen Gründen. Aber die Frage erreicht mich häufig: Wie wasche und trockne ich meine Wäsche unterwegs?

Tatsächlich gibt es dafür mehrere Möglichkeiten und sie unterscheiden sich von Land zu Land und von Unterkunftsart zu Unterkunftsart.

WASCHMASCHINEN UND TROCKNER IM HOSTEL

In Australien war dies die logischste Möglichkeit und es hat sich herausgestellt, dass in westlichen Ländern fast jedes Hostel Waschmaschinen und dann in den meisten Fällen auch Trockner zur Verfügung stellt. Hierbei werden an der Rezeption meist Einmal-Portionen Waschpulver und dazu entweder Waschmarken für die Waschmaschinen verkauft – oder Du brauchst Münzen zum Bedienen der Maschinen. Es lohnt sich also in Hostels immer, das Kleingeld für den unvermeidlichen Waschtag zu sammeln. Ich habe schon in Hostels gewohnt, in denen das Waschen kostenlos ist – und habe auch schon aufs Waschen verzichtet, weil es pro Waschgang vier Euro kosten sollte. Bis zu zwei oder drei Euro lasse ich noch mit mir reden, danach versuche ich, auf die nächste Gelegenheit zu warten.

WASCHSALONS

In den wenigen Situationen, in denen mein Hostel keine Waschmaschine hatte (z. B. in Toronto und Tel Aviv), oder bei AirBnB Zimmern ohne Waschmöglichkeit verbringe ich dann schon mal einen Vor- oder Nachmittag in einem Waschsalon. Hier kannst Du meist auch Waschpulver kaufen und Automaten zum Geldwechseln nutzen, wenn es keine Rezeption gibt, an der Du das tun kannst. Du solltest Deine Wäsche hier nicht unbedingt unbeaufsichtigt lassen, deshalb nehme ich mir meist ein Buch oder meinen Laptop mit und mache es mir dort eine Weile gemütlich.

WÄSCHEREIEN

In Südostasien oder Mittel- und Südamerika ist es schon üblicher, seine Wäsche abzugeben. Dabei fragst Du einfach an der Rezeption Deiner Unterkunft nach, wo der nächste Laundry Service zu finden ist (oft erledigt das sogar die Rezeption für Dich), und gibst Deine Wäsche dort ab. Das wird meist nach Kilopreis berechnet und in der Regel kannst Du Deine Wäsche am selben oder am folgenden Tag schon wieder abholen.

Ich werde nicht lügen: Mir ist es schon ein paar Mal passiert, dass eines meiner T-Shirts verschwunden und dafür ein anderes in meiner Wäsche aufgetaucht ist. Oder dass aus drei Sockenpaaren plötzlich nur noch zwei wurden. Ich glaube nicht, dass das Absicht ist (meist hat jemand anderes dann drei statt zwei), und nachzuforschen ist selten von Erfolg gekrönt. Solltest Du also ein absolutes Lieblingsstück nicht weggeben wollen, kannst Du immer noch auf die Handwäsche zurückgreifen.

HANDWÄSCHE

Anfangs hatte ich immer eine Reisegrößen-Tube REI dabei, habe es aber schnell aufgebraucht und nicht wieder aufgefüllt. Shampoo erfüllt den gleichen Zweck und ist sowieso immer in meinem Vorrat. Eine murmelgroße Portion davon in ein Waschbecken mit warmem Wasser, die Kleidung eine Weile einweichen lassen und dann ausspülen. Fertig.

TROCKNEN OHNE TROCKNER

Danach hast Du allerdings das Problem der nassen Wäsche und die meisten Hostels sehen es nicht gerne, wenn quer durchs Zimmer mehrere Wäscheleinen gespannt werden. Auch wenn ich das tatsächlich schon erlebt habe. Deshalb würde ich Dir Handwäsche nur dann empfehlen, wenn Du in heißen Ländern bist. Hier kannst Du auch mal ein Kleidungsstück über einen Tag an Deinem Hostelbett trocknen lassen. Wenn Du einen Fön dabei hast (oder leihen kannst), kannst Du mit ihm Notfallunterwäsche oder Socken am nächsten Morgen auch mal den letzten Trockenschliff verpassen.

...und nicht vergessen: Deine Reiseapotheke und den Kulturbeutel! Drei unverzichtbare Artikel dazu auf dem Blog:

GESUNDHEIT & HYGIENE AUF REISEN:

- Der Inhalt Deines Kulturbeutels
- Die Reiseapotheke
- Die richtige Auslandskrankenversicherung

Schau auch auf der Ressourcen-Seite am Ende des Buches nach weiteren Tipps oder auf die Seite www.pinkcompass.de/frauenreisensolo2 für eine komplette Übersicht aller im Buch empfohlenen Artikel.

KAPITEL 7

KANNST DU DAS WIRKLICH?

„Mut ist Widerstand gegen die Angst,
Sieg über die Angst,
aber nicht Abwesenheit von Angst."
Mark Twain

UNSCHLAGBARE ARGUMENTE FÜR ÄNGSTLICHE ELTERN, FREUNDE UND FAMILIE!

„Bist Du sicher, dass Du wirklich eine Reise ganz alleine machen willst? Und dann ausgerechnet in Land X – darüber habe ich gerade erst wieder einen ganz schlimmen Artikel gelesen. Du bist doch gar nicht der Typ dafür, alleine zu sein. Du wirst bestimmt furchtbar Heimweh bekommen…“

KOMMEN DIR TEILE DAVON BEKANNT VOR? ODER VIELLEICHT SOGAR ALLES?

Unsere Freunde und unsere Familie sollten eigentlich unser Rückenwind sein. Leider entpuppen sie sich oft als unser stärkster Gegenwind. Sie meinen es vielleicht gut, aber statt uns zu bestärken, nehmen sie uns manchmal das kleine bisschen Mut, das wir mühsam zusammengekratzt haben.

Lass Dich davon nicht unterkriegen. Es gibt nur zwei Gründe dafür, dass Dich Menschen von Deinem Weg abbringen wollen und keiner von beiden ist gut genug, Dich wirklich von Deiner Reise abhalten zu lassen: Sie meinen es gut und sie haben einfach Angst um Dich. Vermutlich sind sie selbst noch nie aus Europa herausgekommen und hatten nie den Drang, länger als zwei Wochen am Stück zu verreisen. Der Spruch „Zuhause ist es doch am schönsten“ könnte auch gut über ihrer Eingangstür hängen. Oder sie würden solch eine Reise eigentlich auch sehr gerne machen, würden sich das aber nie eingestehen – oder wissen es vielleicht nicht einmal. Sie sind neidisch darauf, dass Du es tatsächlich anpackst und die Welt eroberst.

Letztere solltest Du einfach komplett ignorieren. Speise sie mit einem „Das wird schon!“ ab und wechsel das Thema. Jedes weitere Wort wäre Verschwendung und sie sind keinen einzigen kleinen Zweifel wert, den sie in Dir auslösen. Was die Besorgten und (Über-)Ängstlichen angeht, so empfehle ich Dir zwei Techniken, um ihnen und Dir zu helfen, ohne Dich selbst total verunsichern zu lassen:

Zunächst gib ihnen Zeit! Nachdem Du die Bombe auf sie fallen lässt, dass Du in die Welt hinausziehen willst, in der es von Haien, bösen Menschen und giftigem Essen nur so wimmelt, werden sie erst einmal in Schock verfallen. Das ist völlig normal. Überleg Dir nur einmal, wie lange Du für Deinen Entschluss gebraucht hast und wie lange Du darüber nachgedacht hast, bis es so weit kam. Diese Zeit hatte Deine Familie nicht und sie müssen sich genauso an diesen Gedanken gewöhnen wie Du.

Verwechsel also eine negative und entmutigende Reaktion nicht mit dem, was es wirklich ist: ein Schock. Sie stehen unter Schock. Um sich davon zu erholen, brauchen sie einfach etwas Zeit. Es ist nicht so, dass sie Dir nicht vertrauen oder Dir diese Reise nicht zutrauen oder gönnen – sie müssen nur erst einmal mit der ersten Welle purer Angst um Dich zurechtkommen. Wenn diese erste Phase vorübergeht und Du langsam das Gefühl bekommst, sie beruhigen sich etwas (das merkst Du vor allem daran, dass die ersten vorsichtigen, unaufgeregten Nachfragen zu Deinen Plänen kommen), dann beginnst Du mit Phase zwei...

Überzeuge sie davon, dass Du bereit und fähig zu dieser Reise bist, genauso wie Du Dich selbst davon überzeugt hast: mit Wissen, Recherche und Planung. Zeig ihnen, dass Du Dich lange und intensiv vorbereitet hast. Je deutlicher sie sehen, dass Du weißt, was Du tust, und Dich nicht naiv und kopflos in ein Abenteuer stürzt, desto mehr Vertrauen werden sie in Deinen Plan bekommen und sich beruhigen. Gib ihnen Dein Wissen weiter, entkräfte ihre Ängste und Argumente mit den Gegenargumenten, die auch Du anfangs für Dich gesammelt hast.

Eine junge Leserin schickte mir mal eine E-Mail, in der sie schrieb, ihre Mutter hätte sehr viel Angst um sie gehabt, als sie ihr von ihren Reiseplänen erzählt hätte. Also hat sie ihren Computer ausgepackt und ihr meinen Blog gezeigt und gesagt, es gibt viele andere Frauen da draußen, die auch alleine reisen, auf sich aufpassen und denen es gut geht, also könnte sie das auch. Zeig den Menschen, dass das Einzige, was wirklich anderswo gefährlicher ist als Zuhause, schlechte Vorbereitung, Naivität und Unachtsamkeit sind, und dass Du in diesen Punkten gut gewappnet bist.

DEM KANN KAUM EIN GEGENARGUMENT STANDHALTEN.

Und sollten danach noch weitere „aber“ folgen, nutz das Totschlagargument: Dass Du, egal was passiert, auch jederzeit einfach wieder zurückkommen kannst. Einen Tag, eine Woche oder einen Monat später. Rückflugtickets sind schnell gebucht. Aber sie sollten sich lieber nicht darauf verlassen, dass das passiert...

DURCHBRICH DIE SPRACHBARRIEREN!

Ich weiß noch, wie verzweifelt ich in Vietnam gestanden habe, und mich öfter mit Händen und Füßen als mit Worten verständigen musste. Es kann nervenzehrend und sogar nervtötend sein, sich nicht verständigen zu können.

Aber es gibt ein paar Tricks, ein paar Tools und ein paar Wörter, die Dich vor der Sprachlosigkeit bewahren und Dich durch die Welt bringen.

Fang an, Dir einen kleinen Wortschatz anzueignen. Die meisten Menschen sind sofort zugänglicher, wenn sie feststellen, dass Du zumindest versuchst, ihre Sprache zu sprechen und in manchen Ländern kannst Du den Einheimischen sogar keine größere Freude als genau damit machen. Dabei geht es gar nicht darum, dass Du die Sprache fließend sprichst, sondern lediglich darum, dass Du Dein Bemühen zeigst.

Die folgenden zehn landessprachlichen Floskeln solltest Du Dir vor der Reise in ein neues Land ergooglen oder in den ersten Tagen beibringen lassen. Mach Dir ruhig einen kleinen Spickzettel und steck ihn ein, wenn Du unterwegs bist. Und vielleicht stellst Du ja danach sogar fest, dass Dir eine Sprache liegt und Du schneller etwas aufschnappst, wenn Du schon ein paar Grundbegriffe kennst.

Während ich in Thailand irgendwie nie über die Hälfte dieser Liste hinausgekommen bin, scheint mir Spanisch zuzufliegen, und ich habe meinen Sprachschatz während meiner drei Wochen in Mexico mindestens verdoppeln können. Schau also hier auch einfach, welche Sprachen Dir liegen und setz Dich nicht unter Druck.

HALLO.

Sollte eigentlich klar sein. Leider gibt es massenweise Menschen, die auf Reisen einfach ignorieren, dass es noch eine andere Sprache als ihre eigene gibt, und die nicht einmal eine Begrüßung landesgemäß hinbekommen. Sehr traurig.

DANKESCHÖN.

Eines der ersten Wörter, die wir als Kinder lernen. Das allein sollte seine Wichtigkeit beweisen. Du öffnest Dir mit einem Lächeln und einem „Dankeschön“ so viele Türen...

ENTSCHULDIGUNG,...

Jeder Satz, mit dem Du nach etwas fragst (und das macht doch auf Reisen etwa 80% unserer Kommunikation aus, oder), beginnt mit diesem Wort. Sollte er zumindest.

Außerdem beachten einen viele Menschen gar nicht erst, wenn man die Landessprache nicht spricht. Mit diesem Wort schaffst Du also schon mal den Einstieg und bekommst Aufmerksamkeit. Danach ist es viel leichter, sich trotz Sprachbarriere irgendwie zu verständigen.

Erkundige Dich auch, ob es vielleicht zwei verschiedene Versionen gibt: die, mit der Du Dich für eine Störung entschuldigst (wie zum Beispiel im Englischen mit „Excuse me"), und die, bei der Dir etwas leid tut („[I'm] Sorry"). Beide sind wichtig und gerade die letztere kann das grimmige Gesicht eines Fremden wieder aufhellen und Dir aus so manch einer (kulturellen) Patsche helfen.

WIE VIEL?

Besonders in Ländern Südostasiens, in denen über so gut wie alles verhandelt wird, und in jedem Taxi wirst Du diese Worte brauchen. Stell Dich aber bei dieser Frage gleich auf den folgenden Punkt ein, denn den wirst Du brauchen, um die Antwort zu verstehen:

ZAHLEN

Von 1-10, die Zehner-Zahlen und – je nachdem, wie schwach die Währung ist – auch, was Tausend, Hunderttausend und eine Million heißt. Damit dürftest Du recht gut ausgestattet sein und wirkst beim Zahlen etwas mehr wie ein Einheimischer statt ein Tourist. Und schaust nicht wie ein Auto, wenn die Antwort auf Deine vorherige Frage kommt.

WO IST DIE TOILETTE?

Oder wenigstens das Wort Toilette, damit Du die Schilder erkennst, auf denen es ausgeschildert ist.

PROST!

Nie verkehrt!

NEIN.

Für uns Frauen sollte dieses Wort in manchen Ländern ganz oben auf der Liste stehen. Kombiniert mit dem „Danke“ manchmal die höfliche Variante. Aber frag auch hier nach, ob es für die Kombination „Nein, danke“ einen eigenen Begriff gibt. Und manchmal ist ein „Nein“ ohne „Danke“ auch deutlich bestimmter.

JA.

Das dürfte Deine leichteste Übung werden!

ICH SPRECHE KEIN [WELCHE SPRACHE AUCH IMMER]

Vor allem, wenn ich länger an einem Ort bin, scheine ich schnell wie eine Einheimische zu wirken, werde auf Hebräisch, Französisch oder Spanisch angequatscht und schaue vermutlich immer ziemlich dumm dabei aus. Damit Du in solchen Situationen nett reagieren kannst, hilft es, wenn Du Deinem Gegenüber klarmachen kannst, dass

Du seine oder ihre Sprache nicht sprichst. Nicht essentiell, aber nützlich.

Es gibt neben diesen Sprach-Basics auch einige sehr clevere Tools, die Dir unterwegs nützlich sein können:

DIGITALE HELFERCHEN

Sprachkurse gibt es mittlerweile in allen Formaten: bei Duolingo.com als kostenloser Sprachkurs (auf Deutsch) oder als Podcasts auf Englisch. Es gibt unzählige Apps wie zum Beispiel die kostenlose Jibbigo Translation App, die Deine Sätze in andere Sprachen übersetzt. Google Translator würde ich nur in Ausnahmen nutzen, denn die Übersetzungen sind meist schlecht oder falsch.

GEDRUCKTE HELFERCHEN

Mein Favorit darunter ist das Heftchen „Point it" von Kwikpoint, das Du im Internet bestellen kannst. Darin findest Du zu so gut wie allem ein kleines Bildchen, auf das Du zeigen und Dich so verständigen kannst. Es gibt mittlerweile für fast alle Sprachen kleine Phrasebooks, oft sogar in Hosentaschenformat. Damit kannst Du dann auch über die Basics hinaus immer weiter dazulernen und auch direkt nachschlagen, wenn Du etwas nicht verstehst – oder Dir von jemandem im Heftchen die Übersetzung zeigen lassen.

Solltest Du ernsthafte Erkrankungen, Allergien gegen bestimmte Medikamente oder Lebensmittelunverträglichkeiten haben oder manche Lebensmittel einfach nicht mögen oder meiden, sind die gedruckten Kärtchen von www.selectwisely.com sehr hilfreich. Ich wünschte, ich hätte sie schon vor meiner Vietnamreise entdeckt, dann hätte ich es als Vegetarierin vielleicht ein wenig leichter gehabt.

Allerdings solltest Du bedenken, dass in manchen Ländern die Anzahl der Menschen, die nicht lesen können, enorm hoch ist, und deshalb bei Lebensmitteln vielleicht eher auf Zeichenkarten setzen.

WIE VIEL ENGLISCH BRAUCHE ICH WIRKLICH?

Ganz oft erreichen mich Nachrichten, in denen ich gefragt werde, ob es sinnvoll ist, am Anfang einer Langzeitreise doch lieber erst einmal einen Englischkurs zu machen, oder woher Du weißt, ob Dein Englisch gut genug für einen Job im Ausland ist.

IST ES DAS?

Meine Antwort jedes Mal? Der beste Englischkurs ist meiner Meinung nach, in einem Land, dessen Landessprache Englisch ist, zu reisen, zu arbeiten und zu wohnen. Dabei spielt es meiner Meinung nach keine Rolle, ob Du Dir eine Wohnung oder ein Hostelzimmer suchst, wenn ich von „wohnen“ spreche.

Hostels haben den Vorteil, dass Du dort mit noch mehr Menschen in Kontakt kommst. Aber versuch zu vermeiden, Dich nur mit Deutschen zu umgeben, denn es ist oft viel zu verlockend, doch wieder in die eigene Sprache zu verfallen...

IST EIN ENGLISCHKURS DIE LÖSUNG?

Solange Du nicht bei Null anfängst, finde ich es eine sehr teure und teilweise unnötige Investition. Auch wenn es natürlich vor Ort eine tolle Möglichkeit ist, schon mal neue Leute kennenzulernen.

Mein Englisch war grottenschlecht, als ich 2011 nach Australien gegangen bin. Und in der ersten Woche hatte ich eine regelrechte Blockade, Englisch zu sprechen, weil mir mein Gestammele furchtbar peinlich war.

Innerhalb von vier Wochen hatte ich diese Hemmungen abgelegt, und nach sechs Monaten und meinem ersten Job war mein Englisch fließend. Noch nicht so, als dass ich mich nicht als Deutsche geoutet hätte, aber gut genug, um in jeder Unterhaltung mithalten zu können. Heute werde ich nach einem Abend mit vielen Gesprächen oft ohne Wimpernzucken gefragt, woher in den USA ich denn eigentlich komme. Ich weiß noch nicht, ob ich es so toll finde, dass ich scheinbar einen amerikanischen Akzent angenommen habe, aber die Tatsache, nicht mehr als Deutsche, sondern als Muttersprachlerin wahrgenommen zu werden, ist definitiv ein Kompliment!

Wie kommst Du also näher an den Punkt, Dich nicht sofort durch Deine Sprachfehler als Deutsche zu outen?

Ein paar einfache Tipps und Tricks, um Dein Englisch schon zu Hause etwas zu verbessern:

FINDE HERAUS, WELCHER LERNTYP DU BIST UND NUTZE ES!

Bist Du eine visuelle Lernerin? Dann lies englische Bücher! Und falls Du dabei noch Schwierigkeiten hast, hol Dir die bilingualen Reclam-Heftchen mit der englischen Version auf der einen und der deutschen Version des Textes auf der anderen Seite.

LERNST DU BESSER DURCH HÖREN? HOL DIR AUDIOBOOKS!

Es geht nicht so sehr darum, alles hundertprozentig zu verstehen, aber je mehr Du die Sprache hörst und um Dich hast, desto besser wird Dein Englisch werden. Vertrau mir!

Willst Du Dich beim Englischlernen nicht so sehr anstrengen müssen? Vor allem nach einem langen Tag in der Uni oder auf der Arbeit? Dann schau Dir amerikanische Serien an. Comedys, Drama, Action... was auch immer Dir gefällt. Aber ganz wichtig: Steig bei Folge 1 der ersten Staffel einer Serie ein (am besten Deiner Lieblingsserie), die Du auf Deutsch bereits eine Weile geschaut hast. So gewöhnst Du Dich an die fremden Stimmen und die Dialekte und bist nicht darauf angewiesen, sofort alles verstehen zu müssen, weil Du den Inhalt ja bereits kennst.

FINDE ENGLISCHE STAMMTISCHE!

Such über Facebook oder Couchsurfing Gruppen, die sich regelmäßig abends treffen, um einfach nur zu quatschen. Es mag anfangs ein wenig ungewohnt sein und vielleicht musst Du auch Deine eigene Hemmschwelle überwinden, Dich an einen Tisch mit fremden Menschen zu setzen und in einer anderen Sprache zu sprechen. Aber in den meisten Fällen sitzen da noch mindestens zwei andere, denen es ganz genauso geht. Nichts trainiert Dich besser darin, Englisch zu sprechen, als Englisch zu sprechen!

SUCH DIR EIN SPRACHTANDEM!

Es gibt mehr Menschen als nur Dich, die gerne ihre Sprachkenntnisse aufpolieren möchten, und so gibt es auch in jeder Stadt englische Muttersprachler, die gern ihr Deutsch verbessern möchten. Finde so jemanden und triff Dich regelmäßig mit ihm oder ihr. Dann sprecht Ihr die Hälfte des Treffens Englisch und Du wirst verbessert, und die andere Hälfte Deutsch und Du bist in der Lehrerrolle. So kommt sich keiner unterlegen vor und beide profitieren!

Das alles sind jetzt keine großen Neuerfindungen, aber es hat mir geholfen, mein Englisch zu verbessern und auch zwischen zwei Reisen verhindert, dass es wieder einrostet. Vielleicht ist ja der eine oder andere Tipp für Dich dabei.

Etwas, das dann auch mir den Feinschliff verpasst hat, ist, ganz bewusst darauf zu achten (oder sich verbessern zu lassen), welche klassischen Fehler man als Deutsche in der englischen Sprache macht, und diese dann auszumerzen.

Mein bester Tipp: Frag danach! Bitte Muttersprachler darum, nicht lächelnd darüber hinwegzusehen, wenn Du Fehler machst oder etwas komisch ausdrückst, sondern sag ihnen, sie sollen Dich verbessern und Dir erklären, was genau und warum Du etwas falsch gesagt hast! Das ist Gold wert!

KLASSISCHE FEHLER, DIE DEUTSCHE IN DER ENGLISCHEN SPRACHE MACHEN...

Im Englischen gibt es keine Mehrzahl für das Wort „information". „Informations" existiert nicht. Es heißt also zum Beispiel immer „I need some information for my road trip".

Im Britischen Englischen setzt man hinter Mr und Dr keinen Punkt. Der Punkt würde bedeuten, dass am Ende des Wortes Buchstaben fehlen. Da aber das -r der letzte Buchstabe im Wort ist, fehlt zwar im Wort Dr etwas, aber eben nicht am Ende. Nicht hundertprozentig logisch, ist aber eben so...

Etwas, das ich lange nicht verstanden habe (und mit der Logik tue ich mich immer noch schwer), aber nun einfach akzeptiere, ist: I ride a bike, I drive a car, I take a ride in a friend's car... „ride" bedeutet in einem Auto, dass Du mitgefahren, aber nicht selbst gefahren bist. Beim Fahrrad heißt es immer „ride". „I drive my bike" existiert nicht.

„To comment something“ ist grammatikalisch falsch, im Englischen sagt man immer „to comment on something“.

Das Wort „headquarter“ existiert im Englischen nicht im Singular. Hier ist es genau umgekehrt zu „information“, dieses Wort gibt es ausschließlich in der Mehrzahl „headquarters“. Das verschusseln wir Deutsche aber gern.

Wir kochen im Deutschen deutlich mehr, als die Engländer es tun. „To cook coffee“ ist genauso falsch wie „to cook water“. „You make coffee, you boil water“.

Bitte sag niemals „I can't find my handy“, wenn Du nicht einen Engländer neben dir krampfen sehen möchtest. „Handy“ ist ein furchtbar eingedeutschtes Wort, das auch noch falsch eingedeutscht wurde. Es existiert im Englischen nicht in Verbindung mit dem Mobiltelefon. Ebenso wie smsen als Verb nicht existiert. Richtig: „I'll text you later (with my mobile (phone)).“ SMS ist lediglich der Dienst, nicht das Verb.

Im Englischen wird häufig das Verb „to get“ eingesetzt, wenn es für uns nicht sofort ersichtlich ist. Wir stehen morgens auf, im Englischen „to get up in the morning“ nicht „to stand up in the morning“. Umgekehrt verwirren sie uns dann wieder, wenn es nicht heißt „This girl is getting a baby“, sondern „she's having a baby“.

Vorsicht! „Nice to meet you!“ sagt man nur beim allerersten Treffen mit einem Menschen, wenn man ihn vorher noch nicht kannte. Danach heißt es immer „Nice to see you (again)“. Daher macht es Sinn, am Ende eines Kennenlernens zu sagen „It was nice meeting you, I hope to see you again.“ Jede, die „Eat, Pray, Love“ in Originalversion gesehen hat, wusste das nun schon...

Und noch ein fieser Haken: „How do you do?“ wird ebenfalls nur benutzt, wenn Du jemanden ganz neu kennenlernst. Es bedeutet ähnliches wie „Pleased to meet you“. Danach bietet sich eher die Floskel „How are you (doing)?“ an.

Es gibt unzählige Fallen, in die man im Englischen tappen kann und glaub mir: Ich bin in fast jede mindestens zweimal getreten, daher weiß ich das. Aber die wenigsten Menschen nehmen Dir das übel, sondern freuen sich eher, dass Du es versuchst. Etwas, das mich in der Feinarbeit am Englischen deutlich weiter gebracht hat, war eine Liste der „Common Mistakes in English“ (Link dazu in den Ressourcen-Seiten). Nimm Dir davon jeden Tag zehn Punkte vor und versuch, sie zu verinnerlichen!

WIE DU ALS TOURISTIN NICHT WIE EINE TOURISTIN WIRKST

Ein letzter Tipp für Deine Sicherheit und einer der simpelsten überhaupt: Mach Dich nicht selbst zum Opfer! Wenn Du schon aus 200m Entfernung wie eine Touristin wirkst, wirst Du für jeden Betrüger und Abzocker zu einem leichten Opfer. Hier ein paar Hinweise, wie Du Dich ganz schnell als Touristin und somit als leichtes Opfer outest...

DU RENNST ÜBERALL MIT DER KARTE IN DER HAND HERUM

Jemand, der Ausschau nach Touristen hält, denen er etwas andrehen kann, hat ganz schnell das Mädel mit dem Stadtplan im Auge, weil es sich ganz offensichtlich an diesem Ort nicht auskennt. Schaff Dir eine App für Dein Handy an (z.B. MAPS.ME - womit Du sogar GPS nutzen kannst, um Dich offline zurechtzufinden!) und lade Dir die jeweiligen Stadtpläne oder Länder darauf. Ist deutlich unauffälliger. Ich nutze diese App seit Jahren und als bekennende Orientierungslose liebe ich sie abgöttisch.

DU FUMMELST ZU VIEL MIT DEM GELD HERUM

In Deutschland ziehst Du völlig selbstbewusst den richtigen Geldschein aus dem Geldbeutel und steckst ebenso selbstverständlich Dein Wechselgeld ein. Die Geldscheine nicht zu kennen outet Dich sofort als Touristin und verlockt Deinen Gegenüber geradezu dazu, das auszunutzen. Setz Dich in Deiner Unterkunft in den ersten Tagen mal in Ruhe hin und schau Dir das Geld bewusst an. Sehen sich große und kleine Scheine zu ähnlich, steck sie in verschiedene Ecken des Portemonnaies (ich habe große Scheine sowieso nie im Hauptfach – das verlockt auch nur jemanden der es sieht, mich ein paar Meter weiter auszurauben) oder falte sie.

DU REAGIERST AUF SELTSAME ODER UNERWÜNSCHTE BLICKE

Du fragst Dich, was Du sonst tun solltest, wenn Du seltsam angeschaut wirst?! Ganz einfach – ignorieren. Denn jemand, der neu in der Stadt oder im Land ist, der sieht verwirrt aus, wenn er angestarrt wird. Als Profi im Alleinreisen bist Du das gewohnt und merkst es schon gar nicht mehr. Du bist schon ewig hier. Oder solltest zumindest so wirken.

DU SIEHST SUCHEND AUS ODER SCHAUST STÄNDIG AUF DEIN HANDY

Gleiches Problem, selbst wenn Du die App nutzt: Du starrst auf Dein Handy. Bevor Du losgehst, schau Dir den Weg genau an und wie oft Du rechts oder links gehen musst. Hol das Handy nur heraus, wenn Du Dir unsicher bist oder Dich verlaufen hast – und nicht an jeder Straßenecke.Noch etwas, worauf mich jemand netterweise in Vietnam aufmerksam gemacht hat: Wenn Du mit Deinem Handy Fotos schießt, sieh zu, dass Du nicht unbedingt direkt an der Straße stehst. Ein vorbeidüsender Motorroller-Fahrer schnappt Dir Dein Handy aus der Hand und Du siehst es nie wieder...

DU NUTZT IMMER DEN KLASSISCHEN REISERUCKSACK

Normalerweise ist das auch völlig in Ordnung. Aber wenn Du bloß zum Essen rausgehst, nimm stattdessen einen Stoffbeutel oder noch besser eine Tüte eines lokalen Geschäfts. So wirkst Du eher, als würdest Du dort wohnen, als nur zu Besuch zu sein.

DU TRÄGST HOHE SCHUHE

Dieser Punkt gehört ganz klar in die „Ich mache mich zum Opfer"-Schublade. Jemand, der hohe Schuhe trägt, kann niemandem hinterher- oder vor jemandem wegrennen. Trag bequeme Schuhe und in Ländern mit vielen Diebstählen oder Betrügereien möglichst auch keine Flip-Flops. Außer am Strand.

DIE KAMERA BAUMELT STÄNDIG UM DEINEN HALS…

Selbsterklärend, oder?

Eine Kamera bedeutet immer Touristenstatus – und wenn es eine teure Kamera ist, auch noch, dass Du eine reiche Touristin bist. Also lass sie entweder in Deiner Umhängetasche oder versteck sie unter einem Schal oder Pullover, den Du locker darüber gehängt hast. Dann kann man sie zwar immer noch vermuten, aber sie ist nicht mehr so offensichtlich.

…DIREKT NEBEN DEM GELDGÜRTEL ODER DER BAUCHTASCHE

Gleiches gilt für eine Bauchtasche oder einen Geldgürtel. Du magst das Gefühl haben, Dich so abzusichern, aber eigentlich schreist Du bloß „Ich bin Touristin, hier ist mein Geld versteckt".

Nutz BH-Täschchen oder versteck den Geldgürtel unter der Kleidung. Allerdings wird dann spätestens beim Bezahlen klar, dass Du nicht hier wohnst.

WENN DU ALLEINE REIST, VERRÄTST DU DICH SELTENER

Was tun Alleinreisende höchst selten (es sei denn, sie reisen schon verdammt lange allein...)? Mit sich selbst reden. Das bedeutet zwangsläufig, dass Du Dich nur halb so oft outest, wie Deine in Gruppen reisenden Kollegen. Denn Deine Sprache – oder eher das Nichtvorhandensein der Landessprache – outet Dich am schnellsten als Touristin. Allein deswegen schadet es nie, die gängigsten Floskeln und Erwiderungen in der Landessprache zu lernen.

DU PASST DICH NICHT AN

Insgesamt können wir all das unter einem gemeinsamen Punkt zusammenfassen: Du verhältst Dich wie eine Fremde. Lerne, Dich in der Kultur anzupassen (mehr dazu im nächsten Kapitel), Dich wie die Einheimischen zu kleiden und zu verhalten. Damit erreichst Du ganz schnell die beste Tarnung von allen!

VERMEIDE DIESE TYPISCHEN FEHLER

Lass uns noch einmal abschließend zusammenfassen, welche Punkte Du immer beachten solltest, damit Du sicher reist und Dir nicht ständig Sorgen machen musst...

BLEIB IN DER ÖFFENTLICHKEIT

Auf dem Reiseblog einer chronisch allein reisenden Kanadierin habe ich kürzlich davon gelesen, wie sie mit neu gewonnen Freunden abends ausgegangen ist und anschließend noch durch die Straßen gelaufen ist. Ohne es richtig zu bemerken, wurde sie in immer einsamere Ecken gelenkt und schließlich stellte sich heraus, dass sie auf zwei Betrüger reingefallen war. Ich sage nicht, dass Du niemandem vertrauen sollst. Völliger Unsinn. Ich habe auf Reisen schon mehr meiner guten Freunde kennengelernt, als ich Zuhause hatte. Aber solange Bekanntschaften eben genau das sind: Bekanntschaften – bleib in belebten Gegenden und Straßen.

Schadet doch nicht, oder?

Jeder, der dagegen Einsprüche erhebt, Dich verunsichern will oder Dich als albern hinstellt, wenn Du darauf bestehst, kann schon keine reinen Absichten haben. Denn der gesunde Menschenverstand empfiehlt Dir, als allein reisende Frau auf Deine Sicherheit zu achten. Und auch Deine Begleitung wird das tun, wenn sie Deine Sicherheit im Sinn hat.

KOMM NICHT NACHTS AN

Diesen Fehler habe ich selbst gemacht und vermeide es seitdem, so gut es geht. Du solltest nachts nirgendwo alleine ankommen – es sei denn, Du wirst von einem Fahrer Deiner Unterkunft oder einer Vertrauensperson vor Ort abgeholt. Investiere die 20 Euro mehr in einen Flug, der im Hellen ankommt (und berechne den Check Out und die Anfahrt zeitlich mit ein!), oder den Aufschlag, den der Zug oder Bus kostet, der morgens um 9 statt um 5 Uhr in der neuen Stadt ankommt. Deine Sicherheit sollte Dir immer wichtiger sein als Deine Sparsucht. Sparen kannst Du an anderen Ecken.

PACK NICHT ZU VIEL

Bei meiner ersten größeren Reise hatte ich am Abend zwei Freunde zu Besuch, die völlig reiseerfahren meinen kompletten Rucksack ausgepackt und mir zwei Drittel des Inhaltes „weggenommen“ haben. Heute bin ich ihnen total dankbar, denn es war der erste Schritt zum Minimalismus (und aus heutiger Sicht hätte ich noch einmal die Hälfte des Rests weglassen können).Was Du eine Woche lang nicht aus Deinem Rucksack oder Koffer geholt hast (es sei denn Du brauchst es für eine andere Klimazone), gehört definitiv nicht dort hinein. Verschenk es unterwegs oder schick es nach Hause.

Gewöhn Dir vom ersten Tag an eine goldene Regel an, die ich bis zum heutigen Tag anwende: Wenn Du Dir etwas Neues kaufst, muss etwas Altes gehen. So verhinderst Du einen platzenden Rucksack oder Koffer.

NIMM DIR ZEIT

Die wichtigste Regel bei all Deinen Reisen, Zielen und Abenteuern: Wann immer Du denkst, Du hast genug Zeit eingeplant, verdopple sie. Ich habe selten jemanden getroffen, der gesagt hat „Ich wünschte, ich hätte mir nicht so viel Zeit genommen“, aber mittlerweile Hunderte, die das Gegenteil gesagt haben.

Drei Länder in einem Monat? Zu wenig Zeit. Es sei denn, Du willst überall nur schnuppern. Wirklich sehen und kennenlernen kannst Du in der Zeit nichts.

ZWEI WOCHEN FÜR DIE KOMPLETTE INSEL BALI? HIER GILT DAS GLEICHE.

Warum dieser Punkt in den Regeln für Deine Sicherheit auftaucht? Weil Stress und Eile nicht mit guter Vorbereitung vereinbar sind. Wenn Du von einem Ziel zum nächsten hetzt, wirst Du schlecht vorbereitet sein, Dir passieren Fehler oder Du vergisst Dinge und bist irgendwann frustriert. Gib Dir Zeit.

REISE NIE OHNE AUSLANDSKRANKENVERSICHERUNG

Ich habe tatsächlich Menschen getroffen, die ohne gereist sind. Traurig, aber wahr. Kläre vorab mit Deiner Krankenversicherung, ob Du im Ausland für die gesamte Dauer Deiner Reise versichert bist (manche Krankenversicherungen gewährleisten das weltweit bis zu sechs Wochen). Falls nicht, schau Dich zum Beispiel bei HanseMerkur oder der Allianz nach einer passenden Auslandskrankenversicherung für Deine geplante Reise um.

HAB EINE VERLÄSSLICHE KREDITKARTE DABEI – ODER ZWEI

Ich habe schon so jedes Fettnäpfchen mitgenommen und auch schon ausgiebig darüber geschrieben, wie ich es immer wieder geschafft habe, ohne Kreditkarte oder Bargeld dazustehen. Wie Dir das nicht passiert? Indem Du am besten zwei Kreditkarten von zwei verschiedenen Banken dabeihast. Ist kein Muss, kann Dir aber als Tollpatsch und Schussel das Leben deutlich erleichtern.

BLEIB IN KONTAKT

Nach einer Weile wirst Du Dich sicherer fühlen. Du wirst unabhängiger werden, Deine Reisen flexibler gestalten und spontaner werden. Das ist gut so und ja auch genau das, was Du anstrebst, aber verlier Deine Sicherheit nicht aus dem Blick. Denn genau dann, wenn wir uns sicherer fühlen, werden wir nachlässig.

In genau solchen Phasen habe ich mich plötzlich in dunklen Gassen wiedergefunden, bin nachts in einer neuen Stadt angekommen und habe meine Kreditkarte im Automaten steckenlassen. Das sind die Momente, in denen ich nachlässig werde, und das sind die Momente, in denen es tatsächlich gefährlich wird. Nicht am Anfang, wenn Du noch alles durchplanst und auf jedes Detail achtest.

Deshalb solltest Du vor allem eine Regel immer einhalten, egal, wie erfahren und sicher Du Dich fühlst: Lass immer jemanden wissen, wo Du bist. Es reicht, wenn Du Deine Lieben regelmäßig updatest, in welcher Unterkunft Du gerade wohnst oder Deine beste Freundin über WhatsApp oder Threema darüber informierst, wo genau Du gerade steckst.

Wenn Du alleine reist, ist da niemand, der Bescheid sagen kann, wenn Dir etwas passiert. Und gerade, wenn Du sicherer wirst und weniger darauf achtest, wird auch vermutlich kaum jemand nach Dir suchen, wenn Du verschwindest. Also bleib in Kontakt. Immer.

ABZOCKEN WIE FÜR UNS GEMACHT...

Auch ich bin schon auf einige hereingefallen: Abzocken! Auf englisch „Scams“ genannt. In vielen Ländern ist das schon zur Kunst erhoben: Touristen abzocken und austricksen. Und besonders als Alleinreisende wirken wir wie einfache Opfer.

Auch Du wirst früher oder später in eine Falle tappen, allein deshalb schon, weil die Betrügereien immer besser und ständig neu angepasst werden, weil auch die Betrüger merken, wenn ein Trick nicht mehr funktioniert, und sie sich neue ausdenken. Lass Dich also nicht bequatschen oder in Fallen locken, die Du vermeiden kannst. Wie? Indem Du Dir über die gängigsten Bescheid weißt.

DIE ÜBERTEUERTEN FLUGHAFEN-TAXIS

Wenn Du in einem neuen Land am Flughafen ankommst, ist es sehr leicht, Dich als Frischling zu identifizieren und Dich abzuzocken. Besonders die Taxis machen sich das zunutze und schlagen gerne mal den doppelten oder dreifachen Preis drauf.

Gute Alternativen sind Prepaid-Taxis, die an manchen Flughäfen angeboten werden, Dich von Deinem Guesthouse oder Hotel abholen zu lassen, ein Airport-Shuttle in die Stadt zu nehmen (recherchier das online – das gibt es an den meisten Flughäfen) oder vorab herauszufinden, was die Fahrt normalerweise kostet (zum Beispiel durch Nachfragen bei Deiner Unterkunft), um dann den Preis vorab auszuhandeln.

DIE GELDSCHEIN-WECHSEL-METHODE

Wenn Du dann aussteigst, haben es manche Taxifahrer drauf, Deinen Geldschein ganz schnell auszutauschen und zu behaupten, Du hast ihnen irrtümlich zu wenig gegeben. Das klappt besonders gut, wenn sich die Scheine stark ähneln (wie in Thailand zum Beispiel die 100 und 1000 Baht-Scheine) oder wenn Du Dich mit der Währung generell noch nicht auskennst. Deshalb frag vorher entweder ganz offensichtlich „Können Sie diesen 1000 Baht-Schein wechseln?" oder versuch schon am Flughafen, große Scheine kleiner zu wechseln, sodass Du gar nicht erst mit großen Scheinen zahlen musst.

DIE FLUGHAFENGEBÜHR IM TAXI

Als ich in Mexico zum Flughafen fuhr, machte ich nach langer Zeit mal wieder den Fehler, nicht vorab den Preis auszuhandeln. Das Taximeter lief, also fühlte ich mich auch sicher und hatte vorab auch an der Rezeption gefragt, wie hoch der Preis in etwa sein würde. Als wir am Flughafen ankamen, verlangte er allerdings plötzlich dreimal so viel und faselte die ganze Zeit „Flughafengebühr". Er gab vor, kein Englisch zu sprechen und so ignorierte er meine Versuche, ihn davon zu überzeugen, dass ich wusste, dass es diese Gebühr nicht gab. Leider hatte ich auch nur einen mittelgroßen Schein und so behielt er einfach das Wechselgeld und fuhr weg.

Merk Dir also: Vorab immer den Preis aushandeln. Noch dazu solltest Du im Idealfall das passende Geld bereit haben, um gar nicht in die Wechselgeld-Falle zu tappen. Die Rezeptionistin hatte mir sogar empfohlen, das Geld kleiner zu wechseln, aber ich hatte den Ratschlag ignoriert (nicht um den Scam wissend) und letztendlich im wahrsten Sinne des Wortes dafür bezahlt.

DIE DOPPELTE TAXI-RECHNUNG

Wenn Du mit mehreren Leuten in ein Taxi steigst, egal ob zu zweit, als vermeintliches Pärchen oder als Gruppe, frag immer genau nach, ob der Preis für die Fahrt pro Person oder pro Taxi gilt – sonst zahlst Du schnell mal den doppelten oder vierfachen Preis.

DER GESCHLOSSENE TEMPEL

In Südostasien wird seit Jahren der gleiche Scam genutzt und immer wieder lese ich davon, wie jemand darauf reinfällt: Du möchtest von einem TukTuk-Fahrer zu Sehenswürdigkeit X gebracht werden und er erzählt Dir sehr überzeugend, dass diese heute ganz oder bis zum Nachmittag geschlossen ist. Das stimmt in genau 0% der Fälle, also besteh darauf, Dich dorthin fahren zu lassen oder such Dir jemand anderen. Denn darauf folgt dann sofort der nächste Trick:

DIE GÜNSTIGE STADTRUNDFAHRT

Ein TukTuk-Fahrer bietet Dir für einen unschlagbaren Preis eine Stadtrundfahrt an. Und hier merk Dir eins: Wenn ein Angebot zu gut klingt, um wahr zu sein, dann ist es das in der Regel auch. Denn anstatt Dir die Stadt und die Sehenswürdigkeiten zu zeigen, fährt er Dich von einem Händler zum nächsten, wo Du in die Geschäfte gezogen und zum Kaufen animiert wirst. So wird eine tolle Stadtrundfahrt schon mal der längste Vormittag Deines Lebens...

DAS NOTIZBUCH FÜR KINDER

Von diesem Scam habe ich nur gelesen, aber er klingt so gut, dass ich ihn auf jeden Fall erwähnen wollte, denn ich wäre definitiv darauf reingefallen: Ein Kind kommt auf Dich zu und bittet Dich darum, ihm ein Notizbuch oder Heft für die Schule zu kaufen. Das kommt Dir nachvollziehbar vor und berührt mit Sicherheit Dein mitfühlendes Herz. In dem Glauben, etwas Gutes zu tun, folgst Du dem Kind in eine Art Schreibwarenladen und kaufst das Buch. Leider geht das Kind anschließend zurück in den Laden, tauscht das Buch gegen eine Provision ein und beginnt von vorn.

DIE MUTTER MIT IHREM KLEINEN KIND

In Indonesien ist es üblich, dass Mütter mit kleinen Kindern auf der Straße bettelten. Meist ist ihre Kleidung schmutzig und schlicht, sodass Du allein wegen der kleinen Kinder schon nachgibst. Diese Mütter sind leider oft Teil eines Betrügerrings.

In Ubud, Bali, habe ich mich trotz meines weichen Herzens immer geweigert, Geld zu geben. Als aber eine Frau mit einem Kleinkind ganz verzweifelt auf meine prallvolle Tüte mit Obst starrte, konnte ich nicht mehr anders als ihr etwas davon abzugeben.

Wenn Du also etwas geben möchtest und wirklich den Eindruck hast, sie sind verzweifelt, kauf Essen und gib es den Frauen und ihren Kindern.

DIE CHARITY-FALLE

Kinder kommen auf Dich zu und bitten um eine Spende für eine wohltätige Stiftung, sei es für ein Kind, das dringend einen Rollstuhl braucht, oder für eine Schule. Lass Dir immer einen Ausweis oder etwas anderes zeigen (nicht einfach nur einen kopierten Zettel), der belegt, dass diese Organisation tatsächlich existiert und die Kinder dazugehören. Du erkennst schnell, wie echt das Ganze ist, wenn die Kinder lediglich Touristen ansteuern und keine Einheimischen.

DAS GEFÄLSCHTE TICKET

Ein leider sehr gängiger und fataler Scam: Es gibt einige gefälschte Touristenbüros, die Dir Tickets für Busse, Züge und sogar Flüge verkaufen, die gar nicht existieren. Schalte bei so etwas Deinen Kopf ein: Lass Dich nicht auf der Straße ansprechen und Dir ein Ticket aufschwatzen. Kein legitimes Tourist-Office ist in einem Schmuckladen oder ähnlichem untergebracht. Und sobald Du für Dein Ticket in ein Hinterzimmer geführt werden musst, sollten alle Alarmglocken bei Dir klingeln.

DER ÜBERTEUERTE GRENZÜBERGANG

Das ist leider ein Trick, vor dem es kaum ein Entkommen gibt: An vielen Grenzübergängen in Südamerika und Südostasien werden Extragebühren verlangt. Eine Stempelgebühr, eine Gebühr für ein Gesundheitszeugnis bei der Einreise (ein Zettel, den Du ausfüllen und dafür zahlen musst), eine Ausreisegebühr... Die Namen dafür sind endlos und meist falsch. In der Regel hat Dein Visum einen Festbetrag, alles andere sind Betrügereien. Das Problem ist: Selbst wenn Du davon weißt, ist es meist schwer, diese Extragebühren zu umgehen. Denn wenn Du

Dich weigerst, sitzen die Betrüger die Sache einfach aus. Schließlich haben sie den ganzen Tag Zeit und Du willst über die Grenze...

DAS GESCHLOSSENE HOTEL/ GUESTHOUSE/ HOSTEL

Wenn Du von der Busstation oder dem Flughafen zu Deiner Unterkunft möchtest, erzählt Dir Dein Fahrer sehr überzeugend, dass es Deine Unterkunft nicht mehr gibt oder dass sie geschlossen ist. Halte dafür einfach die Adresse bereit und bestehe darauf, dorthin gebracht zu werden. Lass Dich nicht verunsichern. Sollte sie tatsächlich zu sein (was sehr, sehr unwahrscheinlich ist), kann er Dich ja immer noch zu einer anderen Unterkunft bringen.

DER GOLDENE RING

Diese Betrügerei ist vor allem in den Großstädten Europas beliebt. Eine Frau kommt dabei auf Dich zu und hebt etwas vom Boden auf. Sie zeigt Dir einen goldenen Ring und behauptet, er sei Dir eben runtergefallen. Wenn Du widersprichst, drückt sie ihn Dir trotzdem in die Hand und verlangt eine Belohnung. Oder sie wird versuchen, Dich davon zu überzeugen, dass er aus echtem Gold ist und ihn Dir für wenige Euros verkaufen wollen.

DAS ABGESCHLOSSENE AUTO

Der letzte Scam ist der einzige, den ich nicht wirklich habe kommen sehen, und der mir am peinlichsten ist:

Auf einer Tagestour gemeinsam mit anderen Reisenden und einem Fahrer, wie es in Indonesien ganz üblich ist, wurde unser Fahrer wiederholt auf dem Handy angerufen. Immer wieder brach die Verbindung ab, bis er total frustriert aufgab.

Als er uns am nächsten Besichtigungspunkt absetzte, behauptete er, nun telefonieren zu müssen und ließ uns allein. Nachdem er uns versichert hatte, er würde das Auto abschließen und wir könnten unsere Taschen darin lassen. Ziemlich dumm und naiv ließ ich beides im Auto. Erst am Abend, lange nachdem wir uns verabschiedet hatten, fiel mir auf, dass mir 50 Euro in indonesischen Rupien fehlten. Unser Fahrer hatte uns am Anfang der Tour noch selbst zu einem Geldautomaten gefahren und wusste daher, dass unsere Geldreserven gut gefüllt waren.

KOSTENKONTROLLE: TAGES- UND MONATSBUDGETS BEI LANGZEITREISEN

Nachdem Du nun Dein Budget errechnet und es auf Deine Reise ausgelegt hast, hier noch ein paar Tipps, wie Du auf Reisen die Kontrolle darüber behältst. So merkst Du schon früh genug, wenn Du über Deine Verhältnisse lebst. Es mag nicht für jede das Richtige sein, ständig Buch zu führen, aber gerade für Ängstliche ist es eine angenehme Art, sich ein wenig sicherer zu fühlen und unbesorgter reisen zu können.

GIB DIR EIN TAGES- ODER WOCHENBUDGET

Setz Dir ein festes Limit, welches Du täglich oder wöchentlich ausgeben darfst. Dann kannst Du entweder Dein Portemonnaie täglich damit bestücken, oder, wenn Dir das zu aufwändig ist, wöchentlich Dein Budget abheben und erst eine Woche später das nächste.

So merkst Du schnell, wie gut Du mit Deinem Geld auskommst, ob Du etwas zurückschrauben solltest oder Dir mehr gönnen kannst. Du musst das nicht die gesamte Reise über durchziehen, wenn es Dir irgendwann zu lästig wird. Aber ich habe es in den ersten Wochen meiner Australienreise gemacht, um ein Gefühl dafür zu bekommen, wie teuer das Reisen ist.

Auch zu Hause in der Zeit in der Du für Deine Reise sparst, sind Wochen- und Monatsbudgets sehr hilfreich, um Deine Reisekasse effektiv wachsen zu lassen und nachzuvollziehen, wohin Dein ganzes Geld eigentlich verschwindet.

BERECHNE DEIN MONATSBUDGET

Kontrolliere jeden Monat Deinen Kontostand und schau nach, wie nah es an Deinem geplanten Reisebudget liegt. Berechne anhand Deiner Abhebungen und Abbuchungen, wie viel Du ausgegeben hast. Dann kannst Du nicht nur abschätzen, ob Deine Reisekasse bis zum Ende Deiner Reise durchhält, sondern auch, ob Du vielleicht verlängern oder Dir ein besonderes Highlight gönnen kannst!

FÜHRE EINE BUDGET-LISTE

Wie schon im vorherigen Abschnitt empfohlen, kann das sehr hilfreich sein, um Deine Kosten im Blick zu halten und Dir, wenn Du viele Monate unterwegs bist, einen guten Überblick verschaffen, wie Du die nächsten Monate gestalten kannst. Hier siehst Du zum Beispiel auch gut, wohin Deine größten Ausgaben fließen und wo Du am besten einsparen kannst. Gibst Du am meisten für Unterkünfte aus? Vielleicht suchst Du dann ab sofort lieber günstigere. Sind Deine Transportkosten ein großer Faktor? Dann steig vielleicht auf günstigere Transportmittel um, auch wenn sie Dich etwas mehr Zeit kosten. Denn wenn Du eines hast, dann doch Zeit auf einer Langzeitreise, oder? Es muss ja nicht gleich eine so ausgefeilte Excel-Liste sein wie die von Shannon, oder Du trägst einfach nur grob darin ein, was für Dich nützlich ist. In jedem Fall kann es Dir von Nutzen sein, wenn Du auf einem knappen Budget sitzt und die Kontrolle behalten möchtest.

NUTZE EINE AUSGABEN-APP

Ich bin ein kleiner Kontrollfreak, aber ich habe auch Spaß und Interesse daran herauszufinden, wie viel mich ein Land wirklich kostet, was teuer und was günstig ist und wie ich mein Budget am nachhaltigsten optimieren kann. Jeder gesparte Euro oder reduzierte Preis kann mich vielleicht einen Tag länger am Paradies-Strand liegen lassen oder mir ein leckeres Abendessen finanzieren. Deshalb habe ich seit einiger Weile eine Ausgaben-App (den Ausgaben-Manager), die mich jeden Abend fragt, wofür ich heute eigentlich mein Geld ausgegeben habe und wie viel.

Apps wie diese gibt es einige und die meisten sind sogar kostenlos zum Download verfügbar. Wenn es Dir also zu lästig ist, eine Excel-Tabelle zu führen oder Du vielleicht gar keinen PC dabei hast, ist so etwas ideal, um den Überblick zu halten. Sie sagt Dir am Ende der Woche genau wie viel Geld Du ausgegeben hast und wofür. Perfekt, um den Überblick zu behalten und ist mit ein paar Klicks jeden Abend erledigt!

Um nichts mache ich mir so viele Sorgen auf Reisen, wie mein Geld, mein Handy, damit ich überall Hilfe erreichen kann und meine Kreditkarten. Denn mal ganz ehrlich: So gut wie alle Probleme lassen sich irgendwie damit lösen. Lies dazu diese Artikel auf Pink Compass gründlich durch! (Und bei Fragen dazu, schreib mir gern!)

DAS LIEBE GELD AUF REISEN:

- Kreditkarte, Währungen und Geld unterwegs
- Plötzlich ohne Geld im Ausland!

AUF DER REISE:

- Handy & SIM-Karten unterwegs

Schau auch auf der Ressourcen-Seite am Ende des Buches nach weiteren Tipps oder auf die Seite www.pinkcompass.de/frauenreisensolo2 für eine komplette Übersicht aller im Buch empfohlenen Artikel.

KAPITEL 8

STARKE FRAUEN REISEN – AUCH DIE, DIE ES NOCH NICHT SIND

„Reise! Denn Du hast keine Ahnung,
wer Du eigentlich bist, bis Du Dich selbst durch
die Augen vieler anderer Menschen
gesehen hast und erkennst: Wir sind alle gleich."
Unbekannt

WIESO DU NICHT MUTIG SEIN MUSST, UM ALLEINE ZU REISEN...

Wenn ich von meinen Reisen erzähle, bekomme ich vor allem folgenden Satz zu hören: „Mensch, bist Du mutig! Ich würde mich das nicht trauen!"

Ich bin nicht mutig. Nicht einmal ansatzweise. Ich vermute im Dunkeln immer noch Monster unter meinem Bett, habe schon Höhenangst, wenn ich auf einem Hocker stehe und esse keinen Joghurt mehr, der länger als zwei Stunden die Kühlkette unterbrochen hat, aus Angst vor Salmonellen.

Wie kann ich also alleine Reisen? Wie kann ich auf steile Tempel klettern, Essen von Straßenständen genießen und nachts alleine durch unbekannte Straßen streifen? Wie kann ich eine Weltreise ganz alleine planen und wie kann ich völlig ohne Plan in fremde Länder ziehen?

Ganz einfach. Indem ich beschließe, dass mir die Erlebnisse, die mich locken, wichtig genug sind, um meine Ängste zu überwinden. Indem ich mir immer wieder sage, dass all die Erinnerungen, die ich nach der nächsten Reise haben werde, tausendmal so stark sein werden, wie die Angst, die mich jetzt daran zu hindern versucht, endlich loszuziehen. Indem ich mich jeder meiner Ängste stelle und mich frage, wovor genau ich eigentlich Angst habe.

Und Du kannst das auch!

DIE ANGST DAVOR, EINSAM ZU SEIN…

Glaub mir, eines kann ich Dir versichern: Du wirst auf Reisen nicht alleine sein!

Vor meiner ersten Reise nach Australien habe ich mich darauf gefreut, mal ein wenig für mich zu sein. Ich war des Socialisings müde, des Small Talks und der Menschen, die sich als Zeitfresser in mein Leben geschlichen und eingenistet hatten. Also kam ich in Sydney mit der Erwartung an, alleine zu sein, sollte ich nicht aktiv etwas dagegen tun. Ganze 12 Stunden war ich damit erfolgreich. Und 10 davon habe ich meinen Jetlag ausgeschlafen.

Wenn Du in einem Hostel untergekommen bist, in dem noch andere Menschen übernachten außer Dir, Du Dich gut sichtbar in einen Aufenthaltsraum oder in die Küche setzt, dann kann ich Dir versichern, dass Du nicht lange alleine bleiben wirst. Weder mein Buch, mein Laptop noch das „Lass mich in Ruhe“-Schild auf meiner Stirn schien Mitreisende davon abzuhalten, mich anzusprechen. Weißt Du wieso nicht? Weil so gut wie alle Reisenden Anschluss suchen! Weil die wenigsten für sich bleiben möchten und jeder gern neue, interessante Menschen kennenlernt. Mach Dir keine Sorgen! Du. wirst. nicht. alleine. bleiben!

DIE ANGST DAVOR, DICH NICHT ZURECHT ZU FINDEN…

Was, wenn Du das Gate nicht findest? Was, wenn Du den Bus nicht findest? Was, wenn Du Dein Hostel nicht findest?

Dann gibt es immer Menschen, die Du nach dem Gate fragen kannst. Dann gibt es Taxis für den absoluten Notfall und Internet fast überall auf der Welt, um nachzuschauen, wo Dein Hostel genau liegt.

In Sydney hatte ich mein Hostel eine Woche im Voraus gebucht und war trotzdem am Tag meiner Ankunft schon wieder auf der Suche nach der folgenden Unterkunft. Irgendwann, einige Monate später, war ich so entspannt, dass ich in einem komplett unbekannten Land nachts um halb zwei angekommen bin, ohne den konkreten Plan einer Unterkunft oder einer Reservierung. Alles, was ich hatte, war mein Reiseführer und die Hoffnung, dass alles gut gehen würde.

Wenn Dir all das tatsächlich so viele Sorgen macht, recherchier alles bis ins kleinste Detail, druck Dir Wegbeschreibungen aus und plane vor allem überall genügend Zeit ein. Dann kann doch so gut wie gar nichts schief gehen! Heutzutage kannst Du Dir im Internet sogar Lagepläne der Flughäfen anschauen, Busfahrpläne von (fast) jedem erdenklichen Ort herunterladen und Transporte teilweise schon vorab buchen. Alles planbar! Und definitiv kein Grund zur Panik!

DIE ANGST DAVOR, KEIN GELD MEHR ZU HABEN...

Diese Angst kann ich am allerbesten nachvollziehen. Ich bin ein Kontrollfreak. Ich führe über alles Buch, habe eine Finanztabelle für das gesamte Jahr, einen Sparplan und immer, immer, immer ein finanzielles Polster für Eventualitäten oder schlechte Zeiten. Wenn Du Dir also Sorgen machst, dass Dein Geld nicht ausreichen könnte, dann reise nie irgendwohin ohne ein Open End-Rückflugticket oder Rücklagen im Gegenwert.

Sieh zu, dass Du ein Notfallkonto parat hast und rechne Dir vorab aus, wie lange Du im worst case mit Deinem Budget reisen könntest. Alles, was Dir dann im schlimmsten Fall passieren könnte, wäre, zu genau dem berechneten Zeitpunkt wieder zu Hause anzukommen.

FÜR ALL DIESE FÄLLE UND BEFÜRCHTUNGEN GILT EIGENTLICH DAS GLEICHE:

Schließ Deine Augen und stell Dir vor, was Dir im allerschlimmsten Fall passieren könnte.

Du findest keine Unterkunft? Dann findest Du im schlimmsten Fall ein Hotel. Ist nicht vielleicht billig und schmerzhaft für die Reisekasse, aber es gibt einen Platz zum Schlafen. Du fühlst Dich alleine? Dann suchst Du Dir das belebteste Hostel in der größten Großstadt in der Nähe und setzt Dich den ganzen Tag in die Küche. Dir geht das Geld aus? Dann nutzt Du eben Deinen Notfallvorrat und fliegst nach Hause.

Und wenn Du all diese Szenarien durchgespielt hast, wirst Du feststellen, dass Dir eigentlich gar nichts Schlimmes passieren kann, solange Du auf alles gut vorbereitet bist. Und die Vorbereitung, die liegt ganz allein in Deiner Hand!

WENN DU NICHT MUTIG BIST, REISEN MACHT DICH MUTIG

Jedes Mal, wenn mir jemand schreibt, wie mutig er oder sie mich findet (meist ist es eine sie), nehme ich das dankend an und fühle mich wie ein Betrügerin dabei.

Wenn sie wüssten...

Ich habe mehr Ängste als auf eine Klopapierrolle passen. Lass mich also besser gar nicht erst davon anfangen.

Sie nehmen einfach an, ich müsste mutig sein, um durch die Welt zu reisen. Um mir Ziele vorzunehmen, die als Frau schwieriger zu bereisen sind als andere, und um ganz alleine in Ländern unterwegs zu sein, in denen man meine Sprache nicht spricht. Aber dazu muss man nicht mutig sein. Man muss es nur unglaublich stark wollen!

Ein starker Wille ist etwas ganz anderes als mutig zu sein. Und mutig wirst Du erst durch das Reisen. Durch Momente, die Dich zu Hause zum Rückzug bringen würden, aber auf Reisen einfach überrumpeln. Und bei denen Du hinterher feststellt: Hm... war gar nicht so schlimm!

MIT FREMDEN MENSCHEN SPRECHEN

Das ist oft der Punkt, den Du am meisten scheust. Bis Du ihn einmal überwunden hast und feststellst: Die meisten

Menschen sind hilfsbereit, freundlich und glücklich darüber, dass sie mit Dir sprechen können. Sie sind stolz darauf sich auf Englisch unterhalten zu können, stolz auf ihr Land oder ihre Stadt oder auch stolz darauf, Dir weiterzuhelfen. Spätestens dann merkst Du, dass fremde Menschen genauso viel Scheu davor haben, Dich anzusprechen (obwohl die meisten das sogar wollen!) und auszufragen, wie Du Scheu vor ihnen hast.

UNGEWOHNTE ESSKULTUREN

Knusprige Skorpione, gebratene Taranteln, Tausend-Jahr-Eier? Ja, man glaubt es nicht, was in der Welt alles auf Spießen angeboten wird, bis man es sieht. Und selbst dann möchte man es nicht glauben. Aber die Neugier, die ist manchmal einfach geweckt...

HÖHENÄNGSTE ÜBERWINDEN

Ich habe schon Höhenangst, wenn ich nur auf einem Stuhl stehe. Was aber, wenn eines der tollsten Erlebnisse überhaupt damit zu tun hat, dass Du auf etwas Höheres steigen musst als einen Stuhl? Und wenn da keiner ist, der dabei Händchen hält? Nun, dann hast Du zwei Möglichkeiten. Entweder, Du drehst Dich um und sagst: Nää. Heute nicht. Und weißt aber, dass diese Möglichkeit mit größter Wahrscheinlichkeit nie mehr wieder kommen wird.

Oder du zwickst Dein Popöchen zusammen, atmest einmal tief ein und tust es einfach!

VERÄNDERUNGEN ANNEHMEN

Deine beste Freundin entscheidet plötzlich, alleine weiterzureisen und Du stehst ab sofort als Solo-Reisende da. Oder die schöne Route, die Du Dir zu Hause zurechtgelegt hast, ist wegen plötzlicher Überschwemmungen nicht passierbar und muss um 180 Grad gedreht werden.

Ja, das passiert. Und gar nicht mal so selten.

Aber Du wirst damit klarkommen. Nicht nur, weil Du es musst, sondern weil Du es kannst. Wir unterschätzen uns. Chronisch. Wir sind stärker als wir glauben, dachten und je für möglich gehalten haben. Also wirst Du Deinen Rucksack neu packen, nun eben ohne Freundin an der Backe, und weiterreisen. Neue Menschen kennenlernen. Neue Abenteuer erleben. Glücklich sein. Du wirst Deine Route komplett neu auslegen, einen neuen Weg finden und eine komplett neue Welt entdecken. Eine, die Du nicht geplant, erwartet oder vorhergesehen hast. Das ist Reisen in seiner reinsten Form!

SELBSTBEWUSST WERDEN

Das ist nichts, was Du üben oder Dir antrainieren kannst. Du kannst Dich aber in mehr Situationen bringen, die das herausfordern, die Dich fordern, sodass Du zwangsläufig selbstbewusster werden wirst.

Klingt vielleicht gruselig, ist aber das Beste, was Du Dir selbst antun kannst!

In Hostels zu sitzen, ohne jemanden zu kennen, wird zwangsläufig dazu führen, dass Du offener wirst. Durch fremde Straßen zu laufen, wird Dich neugierig machen und Dich so an Orten landen lassen, die Du nie von selbst aufgesucht hättest. Fremde Restaurants mit fremden Zutaten werden Dich durch ihre Gerüche locken und Deine Entdeckerfreude wird Dich mehr und mehr zu Abenteuern bringen, die Du so nie geplant hättest.

Reisen gibt Dir das. Diesen unbändigen Wunsch, mehr zu wollen, über Dich selbst hinauszuwachsen und mutig zu werden. Hürden zu überwinden, Grenzen einzureißen und Unglaubliches zu leisten.

Die meisten von uns sind nicht von Natur aus mutig. Wir sind es manchmal nicht einmal nach der Reise. Aber wir haben mutig Situationen gemeistert, die uns Zuhause nie begegnet wären – aus der Situation heraus, weil sie nun einmal plötzlich vor uns stand. Deshalb musst Du Dich selbst nur ein Mal überwinden: Nämlich zum allerersten Mal!

DENK DARAN: DUNKLE WOLKEN ZIEHEN IMMER VORÜBER

Immer mal wieder bekomme ich auf Facebook Nachrichten mit kleinen Hilferufen. Meist von Frauen, die alles getan haben, um ihren Traum Wirklichkeit werden zu lassen, endlich über ihren Schatten gesprungen sind und nun irgendwo auf der Welt in dem kleinen schwarzen Loch namens Heimweh sitzen. Sie fragen mich, ob ich nicht den ultimativen Tipp dagegen habe. Was mir denn helfen würde, wenn ich in der Ferne sitze und eigentlich nur meinen Rucksack packen und zurückfliegen möchte. Sie gehen manchmal sogar soweit, dass sie mir eine schwierige Frage entgegenwerfen:

CARINA, SOLL ICH MEINEN RÜCKFLUG BUCHEN?

Dann sitze ich vor meinem Laptop und versuche all mein Herz in diese Antwort zu schütten. Ich schicke den Link zum Artikel über Heimweh (den Du übrigens auch in der Ressourcenliste findest), ich schicke Tipps und Tricks, die mir helfen, und meist kann ich ihnen von einem meiner letzten schwachen Momenten berichten, denn auch ich habe sie immer mal wieder.

Solltest auch Du irgendwann mal in diesem kleinen Loch sitzen, scheu Dich nicht, mir zu schreiben und mir Dein Herz auszuschütten. Nur sei Dir gewiss, meine Antwort auf diese letzte Frage, wird immer die gleiche sein:

NEIN, DU SOLLTEST AUF KEINEN FALL
DEINEN RÜCKFLUG BUCHEN.

Ich sage Dir auch, warum: Jede deprimierte Stimmung, jedes Heimweh und jede Frustration ist immer nur temporär.

Hierzu ein sehr deutliches Beispiel: Eine dieser Nachrichten, die mich ganz besonders berührt haben, kam von einer Anfang Zwanzigjährigen, die zum ersten Mal weit von zu Hause weg war, seit einem Monat durch Australien reiste und unglaubliches Heimweh hatte. Sie fand nicht so richtig Anschluss, viele ihrer Planungen fielen aus verschiedenen Gründen ins Wasser und ihr letztes Hostel war eine Katastrophe. Sie stellte mir auch die Frage, ob es nicht besser sei, einfach den Rückflug anzutreten, und auch ihr schicke ich eine lange und ausführliche Nachricht mit all den Motivationsschüben, die mir einfielen. Dass jede von uns mal eine furchtbare Unterkunft erwischt, dass wir alle anfangs Probleme haben, neue Freunde oder wenigstens Bekannte zu finden und dass es am besten sei, wenn sie sich ein beliebtes Hostel in einer gut belebten Stadt suchen würde.

Ich kramte wirklich alles hervor, was ich hatte. Eine zweite Nachricht von ihr kam darauf allerdings nicht mehr. Daran dachte ich immer mal wieder und fragte mich, ob sie wohl nach Deutschland zurückgeflogen war. Zwei Monate später bekam ich die Antwort: Sie war mittlerweile auf einer Farm, mitten im Outback und hatte dort einen Job und neue Freunde gefunden. Diese Nachricht kam von einer ganz anderen Person. Einer, die vor Glück und Freiheit nur so sprühte. Sie schrieb, dass sie kurz nach meiner Nachricht in die nächste Stadt gezogen wäre und dort gleich im ersten Hostel zwei nette Mädchen getroffen hätte, denen sie sich angeschlossen hat. Nun würde sie auf der Farm arbeiten, es würde sehr viel Spaß machen und sie würde definitiv die sechs Monate in Australien bis zum letzten Tag ausschöpfen.

Sie bedankte sich dafür, dass ich sie überredet hatte zu bleiben und ihr nicht geraten hatte zurückzufliegen. Diese Nachricht brachte mich zum Strahlen. Weil sie zeigte, was eigentlich jede von uns tief im Inneren weiß: Wir würden es ewig und bitterlich bereuen, wenn wir zu früh aufgeben würden.

Wenn Du also mal in Deinem kleinen fiesen schwarzen Loch sitzt, dann ermahn Dich immer wieder dazu, es noch ein kleines bisschen länger auszusitzen. Erinnere Dich daran, dass diese deprimierte Stimmung in jeder Lebenslage mal aufkommt. Oder bist Du etwa Zuhause ununterbrochen der strahlende Sonnenschein? Ich bezweifle es stark.

Wir haben immer mal wieder Momente auf Reisen, in denen wir uns fragen, ob es das wirklich wert ist und ob wir das wirklich noch wollen. Aber die haben wir auch Zuhause im Alltag, im Studium, in unserem Job... Auf Reisen tendieren wir einfach dazu, diese schlechten Momente auf die Reise, die Ferne und das Hostel zu schieben. Das ist ja das Naheliegendste. Also lass Dich nicht von einem Impuls leiten oder von zwei oder drei schlechten Tagen. Und wenn es sich bereits wie Wochen voller Frust anfühlt, dann frag Dich mal ganz ehrlich, ob dazwischen nicht auch schöne Zeiten vorkamen.

Entscheide niemals im Affekt und lass niemals ein paar schlechte Tage Deinen kompletten Traum beenden. Denk immer daran: Dunkle Wolken ziehen vorüber...

GUTE ANTWORTEN AUF KNIFFLIGE FRAGEN

Vor einer Weile stand ich in Deutschland mit einer Freundin an einer Bushaltestelle. Es war laut, wir standen mitten im Strom von Fußgängern, einem Marktschreier, seiner Kunden und ein paar leicht durchgeknallten Berlinern, als mir jemand auf die Schulter tippte.

In bekannter Carina-Art habe ich mich zu Tode erschreckt, bin zur Seite gesprungen und hab mich an den Arm meiner Freundin gekrallt. Man hätte meinen können, ich sei noch nie in Asien gewesen und solches Gewusel nicht gewohnt... Ich bin schnell überfordert, schreckhaft und oft überängstlich. Das mag man schwer glauben, wenn man dieses Buch liest, aber es ist so.

Was ich gut kann, ist eine glaubwürdige Fassade aufbauen. Darin bin ich Profi! Das ist auch meine Geheimwaffe, mit der ich mich in so mancher Situation schon aus der Schlinge gezogen habe und die mich auf Reisen sicher(er) sein lässt.

Selbstbewusstes Auftreten schützt Dich vor so einigem. Klar, es kann in einigen Situationen ins Gegenteil umschlagen, aber im Allgemeinen und vor allem, wenn Du es nicht übertreibst und jedem zweiten gleich Prügel androhst, der Dir dumm kommt, ist es ein sehr nützliches Werkzeug des Eigenschutzes.

Uns werden auf Reisen in vielen Situationen Fragen gestellt, die zum einen Deine Sicherheit und zum anderen Dein Selbstbewusstsein testen. Manchmal verbirgt sich dahinter tatsächlich nur unschuldige Neugier, aber dann und wann wirst Du ausgehorcht, ob Du ein einfaches Opfer bist.

Deshalb solltest Du auf gewisse Fragen gute Antworten parat haben und sie bestenfalls so echt verkaufen können, dass kein Zweifel an Deinem Selbstbewusstsein oder Deiner Sicherheit bleibt...

WO ÜBERNACHTEST DU?

Im besten Fall will Dir hier jemand einfach nur eine Unterkunft andrehen. Im schlimmsten will er herausfinden, wie weit Du es noch bis zur sicheren Unterkunft hast. Bleib vage, ungenau und vor allem ist es immer „Gleich um die Ecke“ oder „Nur noch ein paar Schritte von hier“. Wenn jemand nicht lockerlässt, nenn einen groben Bezirk oder eine Straße ohne Hausnummer. Gibt er gar nicht auf, stell eine Gegenfrage. Das lenkt oft ab. Gilt übrigens auch für alle folgenden Fragen.

REIST DU GANZ ALLEINE?

Natürlich nicht! Nie!

Du hast eine Freundin, mit der Du reist oder bestenfalls einen Freund. Sie oder er sitzt gerade zu Hause – mit einer Magenverstimmung, mit Jetlag oder um auszuspannen. Du hast gerade mit ihnen telefoniert und sie warten schon auf Deine Rückkehr.

Natürlich kannst Du Menschen, mit denen Du länger unterwegs bist oder die Du kennst, die Wahrheit sagen. Aber auch dann solltest Du unterschwellig immer vermitteln, dass es Menschen gibt, die wissen wo Du bist, was Du machst oder regelmäßig von Dir hören. Nicht jeder Mensch ist potentiell böse, aber Gelegenheit macht Diebe, also mach Dich nicht von vornherein für jeden zum Opfer!

HAST DU EINEN FREUND?

Wenn diese Frage von jemandem kommt, den Du gerade erst (also vor zwei Minuten) kennengelernt hast oder der Dich auf der Straße anspricht, gibt es dafür auch wieder nur eine richtige Antwort: Natürlich! Er ist nur gerade aus Grund X oder Y nicht dabei. Manchmal kann er sogar in Deutschland sein, aber allein die Tatsache, dass Du einen Freund hast, kann schon abschrecken. Leider reicht das nicht immer.

Schätz also die Situation der Frage ab. Ist es in einem Taxi in Indonesien, dann beruhigt es den Fragenden einfach, wenn Du einen Freund hast. Ist es abends und Du hast unerwünschte Gesellschaft, wäre es besser, Dein Freund wartet bereits in der nächsten Straße auf Dich, weil Du Dich dort mit ihm verabredet hast. Bleibt Deine Gesellschaft zu hartnäckig, bieg in das nächstbeste Alibi-Hotel, -Hostel oder -Guesthouse ein und lass Dir ein Taxi rufen.

Bei dieser Frage angekommen wird dann schnell klar, worauf das Gespräch hinausläuft. Fall es Dich doch überrascht, lass es Dir nicht anmerken! Zeig offen, wie absurd Dir diese Frage erscheint. Das muss ja nicht unhöflich sein, aber in jedem Fall deutlich! In vielen Ländern ist diese Frage nicht unwahrscheinlich und die Herren meinen damit in den wenigsten Fällen, dass sie Dich nur an Deiner Haustüre abliefern wollen. Ein klares „Nein, danke!“ muss also überzeugend und prompt von Dir kommen.

Wenn die Situation es zulässt, ist es am besten, Du behauptest, Du hättest Dir schon ein Taxi an die Stelle XY bestellt und bist auf dem Weg dorthin. Wenn Du in einer Bar oder einem Club bist und Deine Tarnung nicht auffliegen lassen willst, verzieh Dich kurz in die Toilette und bestell ein Taxi. Du musst Dich ja nicht weit fahren lassen, wenn Du vorhattest zu laufen.

In diesem Abschnitt geht es jetzt nicht um die alltäglichen Gespräche in Hostels oder mit Reisenden, die Du unterwegs triffst, aber ich denke, dass ist klar!

Ich war bereits mehrmals in Situationen, in denen ich nachts alleine unterwegs war und plötzlich unerwünscht hartnäckige Gesellschaft hatte. Ob auf Bali, in Tel Aviv oder in Adelaide. Natürlich hat es geholfen, dass ich in belebten Gegenden und vor allem nüchtern unterwegs war. Trotzdem sind solche Situationen unangenehm, besonders das erste Mal. Je besser Du und Deine Antworten also darauf vorbereitet sind, desto sicherer wirst Du wirken. Allein dieser kleine Vorteil entscheidet dann schon einmal darüber, wie schnell Du Deinen Gefährten wieder los wirst...

Falls gar nichts hilft, nimm all Deine Courage zusammen, schau Deinem Gegenüber offen ins Gesicht und sag ihm ganz klar, dass Du von hier ab gern alleine weitergehen oder sein möchtest! Gerade, wenn Du umgeben bist von anderen Fußgängern oder zumindest Menschen in Rufweite, wird er das meist zähneknirschend hinnehmen.

Ich sage es gerne immer wieder: Scheu Dich nicht, unfreundlich zu werden. Ich weiß, das fällt uns manchmal schwer. Aber an diesem Punkt angekommen, ist die Wahrscheinlichkeit, dass Du die Gefühle eines netten Menschen verletzt, sehr gering!

KAPITEL 9

JETZT WIRD ES PERSÖNLICH…

„Wo immer Du hingehst,
hat der Himmel dieselbe Farbe.“
Sprichwort aus Persien

WARUM ICH SO GERNE ALLEINE REISE…

Ich packe meinen Rucksack und gehe aus der Tür. Ich lasse alles hinter mir. Und schaue nur nach vorne. Alles, was zählt, ist der Weg vor mir. Und niemand rechts oder links von mir. Schon gar nicht hinter mir. Mein Kopf ist frei, ein Lächeln bahnt sich seinen Weg. Ich atme tief ein und aus und fühle mich seit langem wieder frei.

So geht es mir jedes Mal, wenn ich zu einer neuen Reise aufbreche. Nach längerer Zeit an einem Ort oder nach ein paar Monaten in Deutschland. Ich fühle mich wieder frei.

Wovon frei, weiß ich gar nicht so genau. Wer mich fragt, will immer eine genaue Erklärung, eine Beschreibung des Gefühls. Habe ich aber nicht. Also stempeln es die meisten einfach ab: „Die läuft weg. Irgendwann findet sie schon, was sie sucht. Sie will einfach keine Verantwortung übernehmen."

Es ist einfacher, Menschen in Schubladen zu stecken, als sich näher mit ihren Wünschen, Gedanken und Gefühlen auseinanderzusetzen, die man vielleicht nicht versteht. Wenn ich dann aber alleine mit mir bin, an einem Strand sitze, die Sonnenstrahlen auf meinem Gesicht genieße oder mich in einem wuseligen Café inmitten von fremdsprachigen Menschen wie in einer Seifenblase fühle, unantastbar, unsichtbar, dann stelle ich mir doch dieselben Fragen. Ganz für mich, heimlich, wo sie niemand hört und die Antwort nicht bewertet wird. Denn ich kann ehrlich zu mir sein. Ich verstehe ja, wie ich ticke.

Aber manchmal frage ich mich, ob es nicht eigentlich mehr Menschen so geht wie mir. Dass sie sich befreit fühlen, wenn sie reisen. Wir alle haben mehr oder weniger stark das Bedürfnis zu gefallen und gemocht zu werden. Wir lernen das von klein auf. Wir wollen bewundert werden, wir wollen beliebt sein und wir wollen geliebt werden. Manchmal rutschen wir in unserem Leben in Phasen, in denen dieses Bedürfnis überhandnimmt und wir uns komplett verlieren.

Vor ein paar Jahren habe ich angefangen, aus diesem Schema auszubrechen. Habe mich immer stärker abgenabelt von diesem Versuch, es allen anderen rechtzumachen, mich anzupassen und bloß nicht anzuecken. Seitdem ist der Kreis an Menschen um mich herum stark geschrumpft. Aber weißt Du was? Es macht freier. Glücklicher. Und das Leben leichter.

Heute sage ich viel häufiger was ich wirklich denke, auch wenn das nicht immer beliebt ist und von vielen nicht gerne gehört wird. Der Druck unserer Gesellschaft ist oft so stark, dass wir völlig vergessen, wer wir eigentlich sind. So sehr damit beschäftigt, der Liebling aller zu sein und bloß niemandem auf die Füße zu treten. Doch damit wirst Du unscheinbar. Unsichtbar. Und austauschbar.

Auf Reisen, ganz allein, ist niemand da, der Dich formt. Du bist auf Dich alleine gestellt und entwickelst Dich mehr und mehr zu dem Menschen, der Du wirklich bist. Du musst nicht groß Mut sammeln, um echt und authentisch zu sein. Du kannst es einfach sein.

Das ist etwas, das Dir nichts anderes geben kann.

Meine Antwort also, ganz für mich, warum ich so gerne alleine reise? Weil es einer der Wege ist, auf Dauer ganz ich selbst sein zu können.

DIE ANGST IST NICHT MEIN FEIND, SIE IST EIN TEIL VON MIR

Als ich zuletzt in Thailand war, fuhr ich mit meinem Scooter außerhalb von Chiang Mai in eine sehr abgelegene Gegend. Ich hatte von einem Swimming Pool gelesen, an ein Hotel angeschlossen, das Tagespässe für diesen Pool ausgab, und wollte unbedingt einen Tag am Wasser verbringen.

Ich musste dafür über eine Art Schnellstraße brausen, etwas, das in Chiang Mai neben den überfüllten und deswegen sich träge fortbewegenden Fahrzeugschlangen eher die Ausnahme ist. Ich machte mir fast in die Hose vor Angst. Und einmal in diesem Status angekommen, schien es, als ob all meine gut kontrollierten Ängste sich verschworen hätten und den Riss der Oberfläche nutzten um hervorzukriechen. Plötzlich hatte ich Angst, mich zu verfahren, Angst, irgendeine Verkehrswidrigkeit zu begehen und erwischt zu werden, Angst davor, auf der Landstraße, auf die ich als nächstes fuhr, in den Graben zu geraten und Angst davor, im Wassergraben hinter dem Graben zu landen.

Wer mich nur von meinem Blog kennt, denkt, ich bin eine taffe, knallharte Person. Das wird mir oft gesagt, wenn man mich kennenlernt. Authentisch, ja. Aber furchtlos und mutig.

Tatsache ist, ich bin ein Weichei. Aber das glaubt mir niemand. Ich mache mir viele Gedanken darüber, was andere von mir denken. Ob ich jemanden in meinem letzten Gespräch mit ihm oder ihr irgendwie beleidigt oder verärgert haben könnte. Ich frage mich andauernd, ob die Entscheidungen, die ich treffe, die richtigen sind. Ob ich etwas anders oder besser hätte machen können und ob ich jemandem vielleicht Unrecht getan habe. Zu stur bin. Zu arrogant. Zu schnell urteile.

An einem Abend in Thailand lief im Fernsehen ein ganz blöder Film. Normalerweise nutze ich Fernseher gar nicht, wenn es überhaupt einen in meinem Zimmer gibt. Aber an diesem Abend war es mir zu still um mich herum, also ließ ich ihn nebenher als Geräuschkulisse laufen. Ein dusseliger Zombiefilm ließ mich später nicht einschlafen, weil ich erwartete, unter meinem Bett würden Monster hervorkrabbeln. Ich bin Mitte 30 und ich habe Angst vor Monstern unter meinem Bett.

Wir glauben, die Angst verschwindet irgendwann und dann werden wir mutig. Wir glauben, dass uns das Reisen irgendwann mutig macht und uns die Angst genommen wird. Tatsächlich ist der Punkt, dass wir mit unseren Ängsten reisen, das, was uns mutig erscheinen lässt. Und uns letztendlich das Attribut „mutig“ verpasst.

Mutig sein bedeutet nicht, keine Angst zu haben. Es bedeutet, sein Leben zu leben, seine Wege zu gehen und seine Träume zu verwirklichen, obwohl man Angst hat. Sich nicht von den Ängsten einsperren, verunsichern oder aufhalten zu lassen.

DAS IST MUTIG.

Eine Frau, die keine Angst hat, ist nicht mutig. Sie muss sich nicht überwinden, etwas zu tun, denn da ist nichts, was ihr im Weg steht.

Rück also mal von der Vorstellung ab, dass Du erst mutiger werden musst um zu reisen. Du musst nicht mutiger werden, Du musst entschlossener werden. Hak Dich bei Deiner Angst ein und zerr sie über die Ziellinie.

Meine Ängste sind ein Teil von mir. Ich kenne sie so gut wie meine besten Freunde. Ich weiß, wie sie ticken, ich weiß, warum sie bei mir sind, und ich weiß, wie ich mit ihnen umgehe, wenn sie sich nicht gut benehmen.

Denn dann versuche ich einfach eine Weile, sie so gut es geht zu ignorieren. Ich lege mir Scheuklappen an, schaue nicht nach rechts zu meiner Angst, zu versagen, schaue nicht nach links zu meiner Angst, in der Masse verloren zu gehen, und gehe einfach geradeaus auf mein Ziel zu. Ich mache einfach weiter. So lange, bis ich entweder ankomme oder meine Ängste wieder zu rationaleren Gefährten eingeschmolzen sind. Sie sind weiterhin da, aber sie schreien mir nicht mehr so laut in die Ohren wie in manchen Situationen.

Du kennst das vielleicht von Deinen Ängsten. An manchen Tagen weißt Du: Sie sind immer noch da, aber sie sind erträglich und kontrollierbar. Aber sie sind wie unerzogene Kinder. Schenkst Du ihnen zu viel Aufmerksamkeit, werden sie zu Monstern.

An Tagen, an denen sie also wieder mal zu laut herumschreien, zicken und auf den Boden stampfen, bis er zittert, dann gib ihnen eine Auszeit. Es nutzt nichts, mit ihnen zu diskutieren oder sie mit Argumenten zu bewerfen. Verabrede Dich mit ihnen am nächsten Tag. Oder in drei Tagen. Vertage es, Dich damit auseinanderzusetzen. Triff an Tagen, an denen Dir die Panik den Hals zu schnürt, keine Entscheidungen. Lenk Dich mit etwas ganz anderem ab und vertage die Gedanken wenn möglich auf morgen.

DIE WENIGSTEN PROBLEME, SORGEN UND ÄNGSTE LASSEN SICH NICHT AUFSCHIEBEN.

Nimm die Angst als etwas, das immer bei Dir sein wird. Und je früher Du anfängst, das zu akzeptieren und aufhörst, sie unbedingt bekämpfen und vernichten zu wollen, desto schneller hast Du diesen Kampf auch schon gewonnen.

DIE WENIGEN SITUATIONEN, IN DENEN ES GEFÄHRLICH WURDE...

Ich weiß nicht, wie viele dieser Geschichten ich vielleicht schon einmal erzählt oder wie genau ich sie beschrieben habe, aber hier und jetzt werde ich mal in die Tiefe gehen, was die Momente anging, in denen ich mit mehr Glück als Verstand davongekommen bin.

Weil Du nicht nur aus meinen Fehlern lernen kannst, sondern vor allem eines sehen kannst: Egal, wie vorsichtig und umsichtig Du bist: Es wird Situationen geben, in denen Du all Deine Regeln missachten wirst. Weil Du schusselig bist, weil Du träge wirst was das angeht oder weil Du vielleicht einfach mal nicht nachdenken wirst.

Aber der Punkt ist, dass in 99% aller Fälle alles irgendwie gut ausgehen wird. Du wirst hinterher aufatmen, Dir den Schweiß von der Stirn wischen und wem auch immer dankbar sein, dass Du Glück gehabt hast. Du wirst daraus lernen und in Zukunft klügere, überlegtere und bessere Entscheidungen treffen. Und allein deswegen sind es auch diese Schreckensmomente wert.

NACHTS IN ISTANBUL – AUF DER SUCHE NACH MEINEM HOSTEL

Ich war zu geizig, um mir für die 500m, die mir meine Map.me-App bis zu meinem Hostel waren, ein Taxi zu nehmen.

Also stapfte ich mit meinen beiden Rucksäcken bepackt los: von der Stelle, an der uns das Airport-Shuttle ausgespuckt hatte, quer über den Taksim Platz in Istanbul bis zum Eingang in die kleineren Gassen.

Ich lief die Straße entlang, in der mein Hostel eigentlich sein sollte, und spätestens, als ich die verwunderten Blicke der Männer sah, die am Straßenrand auf Plastikstühlen verteilt saßen, wurde mir bewusst, dass ich mitten in der Nacht alleine als schwer bepackte in einer fremden muslimischen Stadt Frau ein ziemlich gutes Opfer abgab.

Mit einem Schlucken wackelte ich die Straße zweimal auf und ab, aber mein Hostel war weit und breit nirgendwo zu sehen. Was blieb mir also übrig, als einen der grimmig blickenden Männer nach dem Weg zu fragen?! Als Antwort bekam ich ein undeutliches Grummeln und einen Wink mit der Hand in genau die Richtung, aus der ich gerade gekommen war. Dass der nächste, den ich 200m weiter fragte, mich genau wieder zurückschickte, fing schon langsam an mich zu nerven, als aus einer noch kleineren Seitenstraße ein Mann auftauchte und mich mit "Hostel?" zu sich in die Gasse winkte. Ohne Nachzudenken, einfach nur erleichtert, dass endlich jemand zu verstehen schien, was ich suchte, lief ich ihm blind hinterher. Mein Verstand schien erst in dem Moment zu erwachen, als er mich in einen kaum beleuchteten Hausflur führte und die Tür hinter mir abschloss.

Da wäre es im Ernstfall allerdings schon viel zu spät gewesen.

Im Nachhinein möchte ich mich gleichzeitig für meine Unachtsamkeit ohrfeigen und mich immer wieder zu meiner ganzen Crew an Schutzengeln beglückwünschen. Der Mann, der mich aufgelesen hatte, war der Besitzer des Hostels und ein sehr freundlicher noch dazu.

Was kannst Du anders machen als ich?
Lass niemals Geiz über Deine Sicherheit entscheiden. Nimm nachts ein Taxi – und wenn es nur für 500m ist. Hab immer einen Zettel mit dem Namen und der exakten Adresse Deiner Unterkunft dabei, denn je nachdem, wo Du bist, versteht Dich niemand. Vor allem, wenn Du gar nicht weißt, wie man Namen und Adressen richtig ausspricht.

IN DEN EINSAMEN STRASSEN DER WESTBANK

An einem meiner letzten Abende in Jerusalem hatte ich es mir in den Kopf gesetzt, auf den Mount of Olives zu wandern, um von dort aus den Sonnenuntergang über die alte Stadt zu bewundern.

Ich hatte mich mittlerweile schon den Gegebenheiten angepasst und trug eine zwar bunte, aber langärmelige, hochgeschlossene Trainingsjacke, eine lange Hose und geschlossene Schuhe. Auf dem Weg zum Mount of Olives gab es einige Abbiegungen und von unten hatte ich einen Weg parallel zur Straße gesehen. Also bog ich in eine dieser Abbiegungen ein, in der Hoffnung, auf diesen Weg zu treffen. Aber schon nach 100m konnte ich erkennen, dass diese Abbiegung nicht nur in die falsche Richtung führte, sondern auch überaus einsam und ein wenig gruselig wirkte.

Also drehte ich um und fand mich einer Gruppe von drei Jungs gegenüber. Schätzungsweise zwölf oder dreizehn Jahre alt, aber schon so groß wie ich. Was nicht besonders schwierig ist. Der größte von ihnen sprach mich an und reichte mir seine Hand zur Begrüßung. Genau in dem Moment, in dem ich sie ergriff, betatschte der zweite mich an der Brust. Zu überrascht, um zu reagieren, reagierte ich auch erst einmal gar nicht. Daraufhin entschuldigte sich der große sogar für seinen Freund, der zusammen mit dem dritten schon das Weite gesucht hatte. Als ich nicht böse reagierte, fing allerdings auch er an, mich zu betatschen. Unsicher, wie ernst er es meinte, schrie ich ihn einfach nur an, er solle das lassen, und setzte den bösesten Blick auf, den ich zu bieten hatte. Das schien zumindest soweit zu wirken, als dass er mich mit einem letzten Tatscher alleine ließ und lachend zu seinen Freunden lief, die zu dritt in der Abzweigung verschwanden, aus der ich gerade gekommen war.

Nun war es, als ob in meinem Kopf ein Schalter umgelegt worden war. Ich war sauer und verunsichert zugleich und stellte viele Dinge fest, die mir vorher gar nicht bewusst gewesen war.

Meine Trainingsjacke war zwar langärmelig, aber durchaus figurbetont. In der Straße, auf der ich nun wieder gelandet war, war keine einzige Frau zu sehen, dafür aber viele Männer, die vor allem auf der anderen Straßenseite in Geschäften und Restaurants herumstanden. Und noch dazu wurde es nun dunkel, was bedeutete, dass zwangsläufig im Dunkeln zurück zu meinem Hotel laufen musste.

Was kannst Du anders machen als ich?
Denk bei einem Wechsel zwischen zwei Kulturen kurz darüber nach, wo Du gerade bist. Schau Dich bewusst um und pass Dich Deinem Umfeld an. Wenn Du irgendwo die einzige Frau bist, sollte Dir das etwas sagen.

Geh in muslimischen Kulturen nachts nicht unbedingt alleine auf die Straße und denk darüber nach, ob und wie Du nachts zurück in Deine Unterkunft kommst. Und der wichtigste Punkt: Lass Dich nicht ablenken.

AUF EINER KLEINEN INSEL NACHTS UM HALB DREI

Einen Tag nach meinem 31. Geburtstag war ich auf Gili Trawangan in Indonesien bis spät in die Nacht in einer der kleinen Discos. Ich hatte zwei nette Mädels kennengelernt und mit ihnen wortwörtlich die Nacht durchgetanzt. Ich war gut gelaunt, voller Euphorie und übermütig. Also dachte ich mir nichts weiter dabei, die 500m bis zu meiner Hütte alleine zurückzulaufen. Natürlich auf kleinen, abgelegenen Pfaden.

Relativ schnell schloss sich mir ein Balinese auf einem Fahrrad an und quatschte auf mich ein. Woher ich komme, ob ich alleine bin, ob ich einen Freund habe... die üblichen Fragen eines Indonesiers. Allerdings wurde er irgendwann aufdringlich und fragte, ob er mit mir nach Hause kommen dürfte. Ich sagte einmal „Nein.“, ich sagte ein zweites Mal „Nein.“, aber er lenkte immer wieder mit anderen Fragen ab. Irgendwann wurde mir klar, dass er bald wissen würde, in welchem Haus ich wohnte. Also blieb ich stehen, drehte mich um und sagte deutlich und bestimmt, dass ich von hier an gerne alleine weitergehen möchte. Er blickte mich an, forschend, wie ernst ich es meinte, und als ich weder lächelte noch weiterging, drehte er um und fuhr davon.

Ich ärgerte mich, dass ich es überhaupt so weit hatte kommen lassen. Ja, es war Indonesien, und mir drohte aller Wahrscheinlichkeit nach keine echte Gefahr, aber trotzdem war es leichtsinnig gewesen.

Was kannst Du anders machen als ich?
Ich hätte die beiden Frauen fragen können, ob sie mich kurz nach Hause begleiten. Auf Gili Trawangen sind die Wege kurz, es hätte ihnen keine großen Umstände gemacht und sie sicher nicht gestört.

Als generelle Botschaft will ich Dir mit diesen drei Situationen eigentlich nur eines klarmachen: Denk nach!

Sei nicht leichtsinnig, überleg Dir vorher, wie die Situation ausgehen soll und hab immer einen Plan B. Ich lerne immer wieder dazu und so wird es Dir auch gehen. Aber all das habe ich Dir hauptsächlich deswegen erzählt, weil ich nicht will, dass Du zusätzlich zu Deinen Fehlern auch meine wiederholen musst.

WAS DU ALS FRAU ERLEBEN & ERLERNEN SOLLTEST!

Gegen Ende dieses Buches, möchte ich Dir gerne noch einen sehr wichtigen Rat mitgeben: Es gibt gewisse Ereignisse und Erfahrungen, die meiner Meinung jede Frau erlebt und gemacht haben sollte. Also auch Du. Sie lassen Dich reifen, Dich erkennen, was Du vom Leben willst und wer Du wirklich bist.

Die meisten dieser Erfahrungen kannst Du mit dem Reisen oder auf einer Reise machen. Sieh das Folgende also als eine Art Bucket List der Selbstverwirklichung und Selbstfindung an, die Du so bald wie möglich angehen solltest...

ÜBERSCHREITE DEINE EIGENEN GRENZEN.

In dem Moment, in dem Du zum ersten Mal losreist, obwohl Du das Gefühl hast, noch nicht so weit zu sein, hast Du es schon zum ersten Mal getan: Du hast Deine Komfortzone verlassen.

Warum solltest Du das aber überhaupt tun? Wofür ausbrechen, wofür sich selbst quälen? Weil Du dabei wächst. Du wächst über Dich und Deine Grenzen hinaus und Du stellst fest, wozu Du eigentlich fähig bist. Und wenn Du einmal Deine Grenzen überschritten hast, wer sagt, dass Du es nicht auch ein zweites und drittes Mal kannst? Und wer weiß, wohin es Dich bringen kann.

ENTDECKE DEINE STÄRKE.

Gemeinsam mit dem Grenzen überschreiten und dem Verlassen Deiner Komfortzone lernst Du Deine eigene Stärke kennen. Niemand von uns weiß wirklich, wie stark wir sind und wie viel stärker wir noch sein können, wenn wir nicht gefordert werden. Wir unterschätzen uns in diesem Punkt immer wieder und halten uns selbst nicht für stark. Wäre es nicht spannend herauszufinden, wie stark Du wirklich bist?

SEI MUTIG UND FOLGE DEINEM HERZEN.

Über das Mutigsein haben wir nun schon ausgiebig gesprochen. Nicht aber über das, was danach kommt. Wenn Du einmal mutig genug warst, alle Ketten zu sprengen, wenn auch nur für fünf Minuten, wirst Du als neuer Mensch daraus hervorgehen. Du wirst sehen, dass es sich lohnt, Deinen Träumen und Zielen zu folgen und dass sich – einmal damit angefangen – unglaublich viele Türen für Dich öffnen werden. Also hör einmal mehr auf Dein Herz als auf Deinen Verstand. Vor allem, wenn der von Angst vernebelt ist.

Du willst diese Reise? Du willst endlich über die deutsche, europäische oder äquatoriale Grenze hinaus? Dann kneif Deinen Po zusammen und zieh los!

LASS MATERIELLES GEHEN – ERSCHAFFE ERINNERUNGEN.

Vor meiner ersten Reise nach Australien habe ich das Buch „Traumzeiten“ von Marlo Morgan gelesen und fasziniert bewundert, wie sie vor ihrem Walkabout, einer australischen, spirituellen Wanderung, all ihren Besitz ablegen muss. Sie weiß zu diesem Zeitpunkt nicht, dass sie es bei ihrer Rückkehr zurückbekommen wird, und kann sich nur schwer von ihrem Ehering trennen. Nach und nach erkennt sie allerdings, dass nicht Besitz wertvoll ist, sondern die Erinnerung, die daran hängt. Du wirst auf Reisen unglaublich viele Erinnerungen sammeln und egal, wie sehr Du Dich anstrengst: Du wirst sie nicht mit Materiellem festhalten können. Also löse Dich von dem Gedanken, materieller Besitz sei wertvoll und fang an, ihn durch Glücksmomente und Erinnerungen zu ersetzen.

DEFINIERE DICH NIEMALS ÜBER EINE BEZIEHUNG.

Viele Frauen halten sich und ihre Reiseträume zurück, weil sie ihre Beziehung nicht aufs Spiel setzen wollen. Das ist in meinen Augen das Schlimmste, was sie tun können. Natürlich kann ich das als Single leicht sagen, aber auch ich war einmal in einer Beziehung, für die ich mich weit mehr angepasst habe als ich das eigentlich wollte.

Wenn Du also einen Partner hast, dann sprich mit ihm über Deine Träume. Hab keine Angst, dass die Beziehung an einer Reise zerbrechen könnte, denn ich kann Dir aus eigener Erfahrung sagen, sie würde dann auch an anderen Umständen zerbrechen. Wir können uns, unsere Wünsche und Träume nur eine gewisse Zeit in eine kleine Box irgendwo in einer dunklen Ecke verstauen. Irgendwann werden sie ausbrechen. Oder Du wirst Dich vollkommen aufgegeben haben...

HÖR AUF, ÜBER ANDERE ZU URTEILEN – ES SPIEGELT NUR DICH SELBST.

Wir sind oft und schnell dabei, uns über andere Menschen ein Urteil zu bilden oder eine starke Meinung über ihre Situation zu haben. Aber letztendlich zeigt das nur, was wirklich in Dir steckt. Besonders wir Frauen urteilen schnell aus zwei Gründen: weil wir neidisch sind oder uns bedroht fühlen. Arbeite daran, andere Frauen zu bewundern statt zu beneiden und sie zu starken Verbündeten zu machen statt zur Konkurrenz.

ERSCHAFF DIR GRÖSSERE TRÄUME.

Es gibt den wunderschönen Spruch: Wenn Dir Deine Träume keine Angst machen, sind sie nicht groß genug. Ein gutes Zeichen also, dass Deine Träume nicht groß genug sind, ist, wenn sie erreichbar wirken. Damit sage ich nicht zwangsläufig, Du sollst Dir Träume erschaffen, die nicht erreichbar sind, aber es schadet gar nicht, ein oder zwei davon zu haben, die so wirken. Dann wirst Du nämlich immer einen Ansporn haben, noch weiter zu gehen und das Unmögliche möglich zu machen. Und ich kann Dir aus eigener Erfahrung sagen: So lernst Du irgendwann, dass alles möglich ist...

SEI LIEBENSWERT.

Auf meiner ersten Reise hatte ich einen Bleistift dabei, auf dem stand: Wenn Du geliebt werden möchtest, sei liebenswert! Auf Reisen und in Deinem Leben solltest Du Dich genau an diesen Grundsatz halten. Wenn Du Kontakte knüpfen möchtest und neue Freunde gewinnen willst, dann sei hilfsbereit, freundlich und gib immer ein bisschen mehr als Du bekommst. Aber verschwende Deine Energie nicht an Menschen, die sie nicht verdienen.

LASS LOS.

Ganz oft reisen wir los, um von etwas loszukommen. Um uns von etwas oder jemandem zu trennen. Und sei es nur Dein altes Ich. Aber eines darfst Du dabei nicht vergessen: auch davon loszulassen. Gib Dir selbst die Möglichkeit, Dich davon zu trennen, und betrüge Dich nicht selbst damit.

ERKENNE DEINE EIGENE SCHÖNHEIT.

Eine der größten Schwächen von uns Frauen ist, uns selbst nicht genug wertzuschätzen. Jede von uns hat eine einzigartige Schönheit. Und damit meine ich nicht die, die außen sichtbar ist. Lerne, Deine Schönheit zu erkennen, sie zu sehen und sie zu schätzen. Erst dann kannst Du auch den nächsten Schritt gehen:

WERDE SELBST DEINE BESTE FREUNDIN.

Der beste Weg, um sich unterwegs nicht einsam zu fühlen, ist, mit sich selbst glücklich zu sein. Statt die Zeit mit Dir alleine zu meiden und zu fürchten, fang an, Dich richtig gut kennenzulernen. Finde heraus, was Dir Freude bringt, was

Dir Spaß macht und was Dich beruhigt, wenn Du mit Dir alleine bist. Und Du wirst überrascht sein, wie viel Dir das alleine Sein plötzlich machen kann.

HÖR AUF, NACH ZEITPLÄNEN UND PLÄNEN ZU LEBEN.

Wenn ich Dir nur einen guten Rat geben dürfte, dann dass Du aufhören solltest, zu viel zu planen. Alles, was über Deine Sicherheit hinausgeht, lass sein.

SEI PLANLOS, ZIELLOS UND SPONTAN.

Pläne binden uns und verhindern, dass Du Dich komplett entfaltest. Wenn Du anfangs noch zu unsicher bist, fang klein an und verbring einmal einen ganzen Tag ohne Uhr. Dann eine Woche. Und schließlich verbringe eine ganze Woche, ohne irgendetwas zu planen. Steh morgens auf und entscheide, worauf Du Lust hast, wohin Du gehen willst und womit Du Deinen Tag füllen willst. Eine größere Freiheit gibt es nicht und wer weiß, wann Du außerhalb Deiner Reise noch einmal soviel davon haben wirst.

REISE. SO VIEL UND SO WEIT DU KANNST. MIT DIR ALLEINE.

Dieses Buch und das Buch davor haben Dir gefühlt eine Million Gründe aufgezählt. Nun bist Du dran.

Es ist Zeit!

KAPITEL 10

DAS ‚DANACH'

„Was mache ich hier?"

Arthur Rimbaud

ZURÜCK IN DEN ALLTAG: SCHWERER ALS MAN DENKT!

Ich bin vermutlich die letzte Person, die Dir zur erfolgreichen Reintegration Tipps geben sollte. Ich habe es nach meiner ersten Langzeitreise weniger als anderthalb Jahre in Deutschland ausgehalten, bevor es mich wieder zurück in die Welt gezogen hat. Aber ich habe auch nicht gewusst, was mich zu Hause erwartet und wie ich mich fühlen würde.

Damit Du vorab zumindest mal einen Eindruck davon bekommst, wollte ich dieses Thema nicht ganz unter den Tisch fallen lassen. Er betrifft mehr Langzeitreisende, als ich gedacht hätte und ich treffe immer wieder Seelenverwandte, denen es genauso schwer gefallen ist wie mir, sich wieder zu integrieren.

WIEDER AUF DEUTSCHEM BODEN

Auch wenn Du wahrscheinlich voller Vorfreude auf Deine Familie und Freunde sein wirst, auf deutsches Essen (deutsches Brot!) und vielleicht die erste, anständige Dusche und Waschmaschine nach Monaten, solltest Du den Wiedereintritt nicht unterschätzen. Nimm Dir einige Tage Zeit, um anzukommen und verplan nicht gleich jede Deiner Minuten. Ähnlich wie bei der Einreise in ein neues Land könnte Dich ein fieser Kulturschock, in diesem Fall Re-Entry-Schock, erwischen.

Es mag abstrakt klingen und vielleicht verstehst Du erst ganz, was ich meine, wenn Du es selbst erlebt hast, aber Deine Augen und Dein Kopf haben sich an die Fremde gewöhnt und brauchen nach einer langen Reise auch ein paar Tage, um sich wieder auf das Gewohnte einzustellen.

Als ich am Tag nach meiner Rückkehr begeistert in den Supermarkt stürzen wollte, weil es mich nach meinen gewohnten Leckereien verzehrt hat, bin ich fast auf dem Weg dorthin schon gescheitert. Den Umgang mit der Kreditkarte gewohnt, hatte ich die PIN meiner EC-Karte vergessen und das nicht bedacht. Die Straßen wirkten vertraut und seltsam fremd zugleich. Die vielen Straßenschilder und Linien auf der Straße überforderten mich. Es war nicht so, dass ich nicht mehr wusste, was sie bedeuten, aber nach 14 Monaten in Australien und Asien wirkten sie einfach sehr befremdlich und unnatürlich.

Die typische Ordnung, für die wir Deutschen so berühmt sind, war zuviel für meinen nun Chaos gewohnten Kopf. Im Supermarkt angekommen, ging es mir ähnlich. Die vielen Regale, die endlose Auswahl und überall meine Muttersprache zu hören, all das stürzte auf mich herein. Nur mit dem Nötigsten bestückt fuhr ich wieder zurück, um mich erst einmal zwei Tage abzukapseln und zu mir zu finden.

Ich sage nicht, dass es Dir genauso gehen muss. Manche haben kein Problem mit dem Kulturschock in fremden Ländern, warum sollten sie also einen mit dem Re-Entry-Schock haben. Trotzdem, zieh es in Erwägung, dass Du ein paar Tage brauchen wirst, um anzukommen. Geh es langsam an und gib Dir Zeit, Dich wieder an alles zu gewöhnen.

DIE MONATE DANACH...

Nach der anfänglichen Freude zurück bei Freunden, Familie und dem geliebten Nutella zu sein, kommt das schlimmste auf Dich zu: Der Alltag.

Für alle, die nun Blut geleckt haben, die dem Reisefieber erlegen sind und sich nicht mehr wie ein Bewohner Deutschlands, sondern als ein Bewohner der Welt ansehen, ist die Phase, nachdem die Normalität wieder eintritt, die grausamste. Die rosarote Phase der Wiedersehensfreude und Rückkehr zu allem Geliebten lässt langsam nach und die Erinnerungen an die unglaublichen Erlebnisse der Reise prasseln immer häufiger auf Dich ein.

Du wünschtest Dir, Du hättest hier und dort etwas mehr Zeit verbracht, träumst von Deinen Highlights und Honigkuchenpferd-Grinse-Momenten (ob wach oder schlafend) und fängst vielleicht an, Dein neues altes Leben in Frage zu stellen. Dagegen gibt es wenig, das in diesen Momenten tatsächlich hilft. Daher gebe ich Dir einen gut gemeinten Rat: Überleg Dir vor Deiner Rückkehr schon, was Du dagegen tun kannst, wenn Du weißt, dass die Routine ab jetzt Dein natürlicher Feind werden wird. Überleg Dir, ob Du Dich vielleicht in Deinem Job noch einmal ganz neu orientieren möchtest, endlich das Studium angehen willst oder einfach nur in eine ganz neue Stadt ziehst. Alles, was die Routine und den alten

Alltag ausbremst, wird Dir in den nächsten Monaten helfen, in Dein altes Leben zurückzufinden. Alles, was neu und unbekannt ist, hält Dich beschäftigt und abgelenkt.

Vielleicht macht Dir ja auch die Rückkehr gar nicht so viel aus und Du hast Dich genügend ausgelebt. Aber falls nicht und alle guten Ratschläge nichts helfen, nun, dann gibt es immer noch die Möglichkeit, von vorne zu beginnen: Mit dem Füllen Deiner Reisekasse! Und vielleicht begegnen wir uns ja auf Deiner nächsten Reise, irgendwo auf der Welt...

Nichts war so schwer für mich wie die Zeit nach meiner ersten großen Reise und vor meinem Zustand als Dauerreisende. Damit Du Dich in der Phase nach einer großen und wunderschönen Reise ein wenig besser verstanden fühlst, schau mal in diese Artikel auf dem Blog:

DIE ZEIT NACH EINER LANGZEITREISE:

- Die Sonnenseiten des Abschieds von einer Langzeitreise – Teil 1
- Die Sonnenseiten des Abschieds von einer Langzeitreise – Teil 2
- Ein Notgroschen für „danach"? Unbedingt!
- Dem neuen Chef die Lücke im Lebenslauf verkaufen

Schau auch auf der Ressourcen-Seite am Ende des Buches nach weiteren Tipps oder auf die Seite www.pinkcompass.de/frauenreisensolo2 für eine komplette Übersicht aller im Buch empfohlenen Artikel.

KAPITEL 11

ÜBER DIE AUTORIN: DIE KLEINE VERRÜCKTE HINTER FRAUEN REISEN SOLO!

„Ich reise nicht, um dem Leben davonzulaufen.
Ich reise, damit mir das Leben nicht davonläuft!“
Unbekannt

In Hessen geboren und aufgewachsen, verbrachte Carina nach ihrer Ausbildung zur Kinderkrankenschwester fast sechs Jahre im Fachgebiet der Kinderonkologie. Schon zu dieser Zeit hat sie mit vielen Mitteln versucht aus dem 08/15 Leben auszubrechen, dem sie sich irgendwie nicht beugen wollte. Aber weder der Versuch Medizin in Frankfurt zu studieren, noch alle zwei Jahre die Stadt zu wechseln, hat sie richtig zufrieden gestellt.

Erst als sie 2011 dann zu ihrer allerersten großen Reise nach Australien und Südostasien (Malaysia, Thailand, Laos, Kambodscha und Bali) aufgebrochen ist, hat sie entdeckt was sie gesucht hat: den vollkommenen Glückszustand! Etwas das bei uns jeden Tag gefühlte 90% der Menschen suchen und doch nie richtig finden. Seitdem ist sie vollkommen davon überzeugt:

REISEN MACHT GLÜCKLICH!

Ob eine Woche, einen Monat oder ein Jahr spielt ihrer Meinung nach keine Rolle. Wichtig ist nur, dass Du einmal damit anfängst! Der Rest kommt dann ganz von selbst...

Deshalb hat sie dieser Leidenschaft auch nachgegeben und nach einem kurzen Stopp im Alltag und einem Vollzeitjob diesen schon nach Kurzem wieder gekündigt, all ihren Besitz verkauft und ist seit September 2013 nun Dauerreisende. Seitdem hat sie Großbritannien, Irland, Istanbul, Israel, Jordanien, Vietnam, Sumatra, Kanada, USA, Mexiko, Island und Neuseeland zu ihrer Liste der bereisten Länder hinzugefügt und ein paar ihrer Lieblingsländer ein zweites und drittes Mal besucht.

Ihren Reiseblog Pink Compass hat sie ursprünglich erstellt, weil sie andere Frauen wie Dich inspirieren, motivieren und Dir zeigen will, dass das Reisen durch die Welt weder teuer, gefährlich und schon gar nicht unmöglich ist, wenn Du nur gut vorbereitet bist und die richtige Einstellung dazu hast! Dafür und in dieser Mission entstand nun auch dieses Buch! Weil einfach klar war, nach dem ersten war noch lange nicht alles gesagt.

Ihre persönliche Geschichte der ersten großen Reise hat sie im Mai 2016 in Zusammenarbeit mit dem Piper-Verlag nun auch als Buch veröffentlicht. In „Meerblick statt Frühschicht“ kannst Du Dich selbst davon überzeugen, dass sie den Status als Angsthase definitiv nie vorgetäuscht hat. Neben ihren Reiseberichten von unterwegs auf ihrem Blog Pink Compass, gibt Carina dort auch weiterhin Tipps, Erfahrungen und Ratschlägen zum Reisen und im speziellen natürlich mit dem Fokus auf Frauen! Wenn Du mehr über Carina und ihr Leben auf Reisen erfahren möchtest, dann besuch sie doch einmal auf www.pinkcompass.de und melde Dich dort zum Newsletter an! (Darin gibt es meist die besten Hintergrundgeschichten...)

Seitdem sie das Reisen, Schreiben und Bloggen zum Beruf gemacht hat, hat sie sehr viel über die Selbständigkeit als Karrieremöglichkeit gelernt und schreibt nun auf ihrem zweiten Blog www.um180grad.de darüber, wie andere Frauen ebenfalls in der Selbständigkeit Erfolg haben können und daraus ein profitables und erfolgreiches Online-Business von überall aus machen können. Und vor allem, wie sie endlich das Potential erreichen, das in ihnen steckt!

Vielen Dank für Deinen Buchkauf und dem Durchhalten bis zu diesen letzten Zeilen! Falls irgendwelche Fragen (wirklich egal welche) offengeblieben sind, schreib einfach an Carina@pinkcompass.de! Sie freut sich über jede nette Nachricht. Eine ganz besonders große Freude machst Du ihr, wenn Du auf Amazon eine kurze (oder gern auch eine lange) Rezension hinterlässt. Sag ganz ehrlich, was Dir an diesem Buch gefallen hat, was nicht und was eventuell noch verbesssert werden kann.

UND NUN BLEIBT NUR NOCH EINES ZU SAGEN:
HAB EINE GUTE REISE!

ANHANG

WEITERFÜHRENDE ARTIKEL, TIPPS UND RESSOURCEN

HILFREICHE ARTIKEL AUF PINK COMPASS FÜR DEINE REISE:

Dieses Buch wäre aus allen Nähten geplatzt, hätte ich sämtliche Informationen darin verpackt, die Du für Deine Reise brauchst. Also habe ich bei dieser Neuauflage auf alle bereits existierenden Artikel des Blogs verzichtet (den Artikel zur Hygiene während Deiner Tage mal ausgenommen - er war zu essentiell, um ihn hier nicht noch einmal einzubinden) und Dir hier eine Liste erstellt, der wichtigsten und hilfreichsten Texte, die Du kostenlos auf dem Blog abrufen kannst.

Geh dafür einfach auf www.pinkcompass.de/blog/, scroll in der rechten Seitenleiste zum Suchfeld nach unten und gib einfach den Artikel-Titel aus dieser Liste ein, den Du lesen möchtest.

Zusätzlich findest Du dort eine Liste mit weiterführenden Links zu anderen hilfreichen Webseiten, nützlichen Tools und Tipps zum Sparen.

(Du hättest gern alles zusammengepackt in einem eBook, um die folgenden Artikel und die Inhalte dieses Buches offline lesen zu können? Schick mir eine kurze Nachricht an Carina@pinkcompass.de mit einem Nachweis, dass Du dieses Buch gekauft hast und ich schicke Dir völlig kostenfrei die beiden Erstauflagen von „Frauen Reisen Solo“ und „Frauen Reisen Weiter“ in allen gängigen eBook-Versionen zu!)

DIE VORBEREITUNG DEINER REISE:

- Meine Art, für Reisen zu sparen
- So wirst Du Deinen Ballast los:
  Mach Besitz zu Geld!
- Den Job kündigen um zu reisen
- Arbeitsamt, Sozialversicherungen... Hilfe!!!
- Reiseplanung: Den richtigen Reiseführer finden!
- Die richtige Kamera auf Reisen
- Soll ich einen Reiseblog anfangen?
- Zum Abschluss: Deine Reisecheckliste!
- Traumprinz oder Traumreise?!

DIE PACKLISTE & DEIN GEPÄCK:

- Das richtige Gepäckstück finden
- Die richtige Kleidung
- Packen für kalte Reiseziele
- Backpacker & modischer Stil:
  Kein Widerspruch in sich!
- Die leidige Frage der Schuhwahl
- Bleib minimalistisch!
- Alle notwendigen Dokumente im Gepäck?
- Die Hostel-Küche im Gepäck
- Wertsachen sicher verwahren
- Die besten Sicherheits-Tools für Deine Wertsachen

ALS ALLEINREISENDE FRAU UNTERWEGS:

- Wohin kannst Du als Frau sicher reisen?
- Sicher durch's Nachtleben
- Selbstverteidigung und was Du
  auf keinen Fall tun solltest

- Alleine im Restaurant
- Abendgestaltung für Alleinreisende
- Heimweh – Das gefürchtete Monster unter dem Bett
- Wie Du Dich anpasst, wenn Du nicht reinpasst...
- Die nackte Wahrheit über schlechte Erfahrungen beim Reisen

UNTERKÜNFTE & WOHNEN AUF REISEN:

- Höflichkeit in Hostels
- Frauen-Schlafsäle: Die Vor- und Nachteile
- Wenn Du unterwegs keine Unterkunft findest

ARBEITEN & JOBS AUF REISEN:

- Welche Jobs gibt es auf Reisen?
- Working Holiday in Australien
- Working Holiday in Kanada
- Aktiv auf Jobsuche vor Ort

GESUNDHEIT & HYGIENE AUF REISEN:

- Der Inhalt Deines Kulturbeutels
- Die Reiseapotheke
- Die richtige Auslandskrankenversicherung

DAS LIEBE GELD AUF REISEN:

- Kreditkarte, Währungen und Geld unterwegs
- Plötzlich ohne Geld im Ausland!

AUF DER REISE:

- Handy & SIM-Karten unterwegs

DIE ZEIT NACH DER RÜCKKEHR:

- Die Sonnenseiten des Abschieds von einer Langzeitreise – Teil 1
- Die Sonnenseiten des Abschieds von einer Langzeitreise – Teil 2
  Ein Notgroschen für „danach“? Unbedingt!
- Dem neuen Chef die Lücke im Lebenslauf verkaufen

KOSTENAUFSTELLUNGEN ZU VERSCHIEDENEN REISEZIELEN:

- Was kosten 2 Monate in... Australien?
- Was kosten 4 Wochen Camper-Roadtrip in... Australien?
- Was kosten 4 Wochen in... Thailand?
- Was kosten 3 Wochen in... Kambodscha?
- Was kostet 1 Woche in... Jerusalem?
- Was kosten 6 Wochen in... Indien?
- Was kosten 4 Wochen in... Coast Rica?
- Was kosten 3 Wochen in... Mexiko?
- Was kosten 3 Wochen auf... Bali?
- Was kostet 1 Woche in... Island?
- Was kostet 1 Woche in... London & Umgebung?
- Was kostet ein Stopover in... Istanbul?

Über 200 weitere Artikel findest Du im Artikel-Archiv von Pink Compass!

RESSOURCEN:

Auf meinem Blog „Pink Compass" habe ich Dir zusätzlich eine spezielle Seite erstellt, auf der Du jede Menge weiterführende Links und Tipps findest, die für Deine Vorbereitung und während Deiner Reise hilfreich sind! (Und eine Liste aller zuvor empfohlenen Pink Compass Artikel, zum einfacheren Stöbern!)

Schau einfach auf www.pinkcompass.de/frauenreisensolo2 vorbei und klick Dich durch!

HINWEISE:

Meine Meinung ist nicht käuflich! Ich empfehle ausschließlich Produkte und Dienstleistungen, die ich selbst nutze und/oder hinter deren qualitativen Leistungen ich stehe. Sämtliche Ressourcen entstanden aus persönlicher Erfahrung, Recherche und Nutzung.

Alle Angaben in diesem Buch wurden sorgfältig geprüft. Trotzdem können sich Daten und Fakten inzwischen verändert haben. Ich übernehme deshalb keine Garantie dafür, dass die Angaben vollständig, richtig und in jedem Falle aktuell sind.

Für alle weiterführenden Links in diesem Buch gilt: Ich habe keinerlei Einfluss auf die Gestaltung und die Inhalte der verlinkten oder verwiesenen Seiten.

Sofern nicht anders gekennzeichnet, sind sämtliche verwendeten Zitate der Kapitelanfänge meine eigenen.

Solltest Du Mängel oder Fehlinformationen in diesem Buch entdecken, schreib mir bitte umgehend an Carina@pinkcompass.de, damit ich sie so schnell wie möglich beheben oder verbessern kann. Vielen Dank für Deine Mithilfe!

9282268R00143

Printed in Germany
by Amazon Distribution
GmbH, Leipzig